Mosaik

bei GOLDMANN

Buch

Wer noch immer daran zweifelt: Die Rezepte in diesem Buch werden Sie davon überzeugen, dass Sie auch ohne Fleisch nicht auf kulinarische Höhepunkte verzichten müssen. Im Gegenteil, diese Vorschläge schaffen neue Maßstäbe: raffinierte Salate, feine Suppen, Gemüseragouts mit Kräuterduft, leckere Aufläufe und Gratins, Pasta-Hits, gefüllte Gemüse, pikante Quiches und Frittatas, interessante Tofu-Gerichte und vieles mehr. Für jeden Tag der Woche und jeden Anlass im Jahr abwechslungsreiche, schmackhafte Rezepte mit Zutaten, die in jedem Supermarkt erhältlich sind.

Fleischlos genießen

Die besten Rezepte
für eine abwechslungsreiche
Küche ohne Fleisch

Mosaik
bei GOLDMANN

Umwelthinweis
Alle bedruckten Materialien dieses Taschenbuches
sind chlorfrei und umweltschonend.

Vollständige Taschenbuchausgabe März 2001
Wilhelm Goldmann Verlag, München,
ein Unternehmen der Verlagsgruppe Random House GmbH

Umschlaggestaltung: Design Team München
unter Verwendung folgender Fotos:
Umschlag und Umschlaginnenseiten:
Bavaria/Benelux Press
Zusammenstellung der Rezepte: Ulla Jacobs
Druck: GGP Media, Pößneck
Verlagsnummer: 16368
kö • Herstellung: Max Widmaier
Made in Germany
ISBN 3-442-16368-4
www.goldmann-verlag.de

3 5 7 9 10 8 6 4

Liebe Leserinnen und Leser,

als bekennender Vegetarier möchte ich Ihnen die fleischlose Ernährung ans Herz legen. Dies fällt mir leicht, denn ich weiß aus lebenslanger Erfahrung, wie lecker vegetarische Gerichte schmecken können. Von der kleinen schnellen Gaumenfreude bis zum großen kulinarischen Erlebnis spannt sich längst der Bogen – man muss nur das richtige Rezept haben. Bereichernd war hierzulande der Blick in die Kochtöpfe ferner Länder: Wir haben uns inspirieren lassen von deren raffinierter Kunst, mit Gewürzen und Kräutern zu spielen.

Für Sie und Ihre Familie ist jetzt und sicher auch auf längere Sicht die vegetarische Lebensweise ein Garant für Gesundheit und Wohlbefinden. Fangen Sie heute an, warten Sie nicht länger!

Ihr
Volker Neumann
Geschäftsführer Verlagsgruppe Bertelsmann

Inhalt

Einleitung

Es gibt nicht nur gesundheitliche Gründe, den Fleischkonsum einzuschränken, beziehungsweise auf Fleisch ganz zu verzichten. Fleisch schmeckt auch – vor allem bedingt durch die Massentierhaltung – längst nicht mehr so gut wie früher. Dennoch darf nicht verkannt werden, dass Fleisch ein Lieferant wichtiger Nähr- und Vitalstoffe wie Eiweiß und Eisen ist, die es bei fleischloser Kost sinnvoll zu ersetzen oder auszugleichen gilt. Die Alternativen zu einer fleischlosen Küche müssen außerdem so gut schmecken wie Rouladen oder Frikadellen und auch satt machen.

Dieses Buch bietet Ihnen eine Fülle von Rezepten und Anregungen, bei der vor allem der Genuss im Vordergrund steht. Dabei spielen bestimmte Nahrungsmittel eine wichtige Rolle.

Gemüse und Pilze

Gemüse überrascht uns nicht nur mit immer wieder anderen Aromastoffen – man denke an Spargel, Knoblauch oder Fenchel – es versorgt uns auch mit Vitaminen, Mineralien, Spurenelementen und Ballaststoffen. Außerdem liefert es Wunderstoffe, die allen möglichen Krankheiten vorbeugen helfen – der Fachmann spricht von bioaktiven Substanzen oder sekundären Pflanzenstoffen.

Nutzen Sie bei Gemüse immer das saisonale Angebot (siehe Tabelle), und versuchen Sie, möglichst frisches und im Freiland gezogenes Gemüse zu verarbeiten. Noch besser ist biologisch angebaute Ware. Gemüse aus dem Treibhaus kann mit Düngerückständen und Nitrat belastet sein. Empfehlenswerter ist hier Tiefkühlgemüse, das im optimalen Erntezustand schonend eingefroren wird.

Zum Gemüse zählen im weitesten Sinne auch Pilze (beide entstammen dem Pflanzenreich). Nach neuesten Forschungen übertrifft der Eiweißgehalt gedörrter Pilze den des frischen Fleisches um fast 16 %.

Der Mineralstoffgehalt ist beim gedörrten Pilz mit 6,5 % höher als bei frischem Rindfleisch. Ihr Mineralgehalt übertrifft den der Gemüsearten und steht dem des Fleisches kaum nach. Pilze sind kalorienarm, und ihr Wert in der fleischlosen Küche ist zweifellos der besondere Geschmack.

Getreideprodukte

Dazu gehört alles, was aus Roggen, Gerste, Weizen, Hafer, Dinkel, Buchweizen, Mais, Reis und Hirse hergestellt wird. Getreideprodukte enthalten vor allem Ballaststoffe, die den Stoffwechsel in Schwung halten, aber auch wertvolles Getreideeiweiß, reichlich Vitamine und Mineralstoffe und Spurenelemente. Je ursprünglicher Getreideprodukte belassen werden, desto mehr Vitalstoffe enthalten sie. Im vollen Korn steckt die meiste Kraft.

Keimlinge und Sprossen

Schon vor 3000 Jahren galten Keimlinge und Sprossen für die Chinesen als wichtigstes Mittel zum Überleben in schlechten Zeiten. Der Keimling ist nämlich eine Powerbombe, die ihresgleichen sucht. Er enthält in hoher Konzentration alles, was die junge Pflanze, der Keimling, zum Aufbau benötigt, zum Beispiel auch so seltene Spurenelemente wie Zink oder Kupfer. Diese Kraft können wir essen, indem wir Gerichte mit den würzigen Keimlingen oder Sprossen würzen. Gekeimt werden können Samen von:

- Hülsenfrüchten wie Adzukibohnen, Mungobohnen, Erbsen, Linsen, Sojabohnen,
- Buchweizen, Alfalfa (Luzerne), Leinsamen, Sonnenblumen, Kürbis, Bockshornklee,
- Getreidearten wie Gerste, Weizen, Dinkel, Hafer, Roggen, Senf, Kresse.

Vorsicht: Samen, die man im Garten oder auf dem Feld aussät, sind

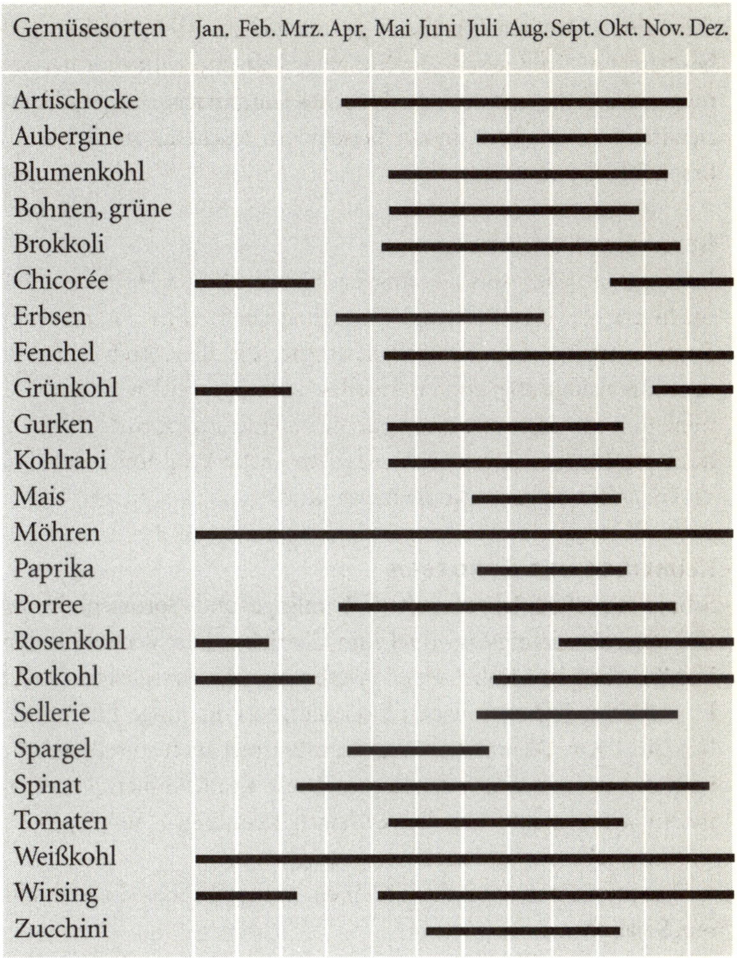

Die im Kalender angegebenen Monate beziehen sich auf die Haupterntezeit. Fast alle Sorten sind außerhalb dieser Zeit aus Importen und Gewächshäusern erhältlich.

gebeizt und zum Keimen ungeeignet! Inzwischen gibt es aber auch überall im Lebensmittelhandel fertige Keimsprossen zu kaufen. Wichtig ist hier, dass sie absolut frisch sind. Wer wegen der Frischegarantie Keimsprossen selbst heranziehen möchte, braucht dazu nichts weiter als ein großes Weckglas, ein Mulltuchquadrat, das mehr als die Öffnung verdeckt und das mehrmals tägliche Durchspülen der Keime erlaubt, sowie einen Bindfaden zum Zubinden. Einfacher geht's mit einer so genannten Keimbox (in Reformhäuern und Bioläden). A und O ist größtmögliche Sauberkeit und Hygiene. Schimmelige Keime und Sprossen enthalten gesundheitsschädigende Substanzen!

Milch und Eier

Die Milch zählt zu den besten Eiweißquellen überhaupt und ist zudem ein vorzüglicher Kalziumlieferant. Hinzu kommt, dass Milchprodukte wie Quark, Käse, Joghurt, Butter, Sahne oder Crème fraîche auch viel Geschmack in die Speisen bringen und gut sättigen. Der Nährwert eines Eies entspricht etwa 40 g fetten Fleisches oder 150 g Vollmilch. Sein Eiweiß ist vollwertig wie das der Milch und enthält Eisen wie das Fleisch. Eier sollten sparsam (hoher Cholesteringehalt!) und immer in Verbindung mit Gemüse verwendet werden.

Hülsenfrüchte und Sojaprodukte

Bohnen, Linsen, Erbsen, vor allem aber Sojabohnen, sind Eiweißspender par excellence. Beachtlich ist außerdem der Gehalt an Eisen und Magnesium. Außerdem sättigen sie hervorragend. Eine halbe Tasse Sojabohnen liefert die gleiche Menge Proteine wie ein 150 g - Steak. Sojaprodukte können darum sowohl in der Diät als auch in der normalen Ernährung Fleisch sowie Fisch und Eier voll ersetzen. Das wohl wichtigste Sojaprodukt ist Tofu. Tofu ist inzwischen nicht nur in Reform-, Naturkost- und Bioläden erhältlich, immer mehr Kaufhäuser und Supermärkte bieten ihn inzwischen vakuumverpackt in 250–500 Gramm-Stücken an. Erhältlich sind:

- weicher Tofu, z. B. für die Zubereitung von Saucen, Marinaden, Cremes sowie zum Pürieren und zum Anreichern von Frikadellen und Bratlingen,
- fester Tofu zum Braten, Frittieren, Grillen oder, in Würfel geschnitten, für Ragouts und Salate,
- Kräuter-Tofu, mit frischen Kräutern, Meersalz oder Oliven angereichert, zum Braten oder als Brotbelag,
- Tofu-Pasteten,
- vakuumverpackte Tofu-Gemüse-Bratlinge.

Fertig gekaufter, vakuumverpackter Tofu hält sich ungeöffnet im Kühlschrank bis zum angegebenen Verfallsdatum. Nach Anbruch der Packung geben Sie den Tofu in ein Gefäß mit frischem Wasser und stellen dieses in den Kühlschrank. Das Wasser täglich wechseln. Der Tofu hält so etwa eine Woche.

Auf den folgenden Seiten finden Sie nicht nur Rezepte für Salate, Suppen, Ragouts, Gratins, Soufflés und Aufläufe, Pizzen und Gemüsekuchen, sondern zahlreiche Variationen mit Gemüse und Tofu, den beiden Hauptsäulen für die fleischlose Küche. Überzeugen Sie sich selbst, wie abwechslungsreich und kulinarisch anspruchsvoll Ihr Speisezettel auch ohne Fleisch sein kann. Probieren Sie Gerichte wie Lasagne mit Spinat-Käse-Füllung oder Bucatini mit Zucchini, verwöhnen Sie Ihren Gaumen mit Tomatensugo, Ratatouille oder knusprigen Gemüsepüfferchen. Die Familie wird begeistert sein – niemand wird mehr Fleisch vermissen, und alle werden sich rundum wohler fühlen.

Wir wünschen Ihnen viel Erfolg beim Nachkochen, vor allem aber Genießerfreuden, die sich mit jedem Rezept steigern.

SALATE, SALATE!

BUNTER KARTOFFELSALAT

Salat: *500 g fest kochende Kartoffeln, 1/2 Salatgurke, 2 Tomaten, 1 kleiner Apfel, 2 Frühlingszwiebeln, 1/2 Bund Rauke (Rucola) oder Brunnenkresse*

Marinade: *Salz, 2 EL Weißweinessig, 5 EL heißes Wasser oder Gemüsebrühe, 2 EL neutrales Öl, Pfeffer aus der Mühle, 2 EL fein geschnittener Schnittlauch zum Bestreuen*

Die Kartoffeln waschen und in der Schale gar kochen. Das Wasser abgießen und die Kartoffeln unter Schütteln abdampfen lassen.
Während die Kartoffeln kochen, die Gurke waschen, ungeschält in kleine Würfel schneiden. Die Tomaten waschen, in Achtel schneiden. Den Apfel schälen, halbieren und ohne Kerngehäuse in Würfel schneiden. Die Frühlingszwiebeln in feine Scheiben und die Rauke oder die Brunnenkresse klein schneiden.
Die etwas abgekühlten Kartoffeln pellen, ebenfalls in kleine Würfel schneiden und mit den übrigen Salatzutaten in eine Schüssel geben. Aus Salz, Essig, Wasser oder Brühe, Öl und Pfeffer eine Marinade rühren. Über den Salat gießen, mit Schnittlauch bestreuen und locker vermischen. Etwa 1 Stunde durchziehen lassen.
Für 4 Personen
Pro Portion: 150 kcal

TIPP Der Salat ist prima für Berufstätige zum Mitnehmen ins Büro.

PORTUGIESISCHER ZWIEBELSALAT

2 Knoblauchzehen, 8 kleine, rote Zwiebeln, 2 mittelgroße Fleischtomaten, 1 kleine Zucchini, 2 kleine Äpfel, 1 grüne Paprikaschote, 2 rote Paprikaschoten, Salz, Pfeffer aus der Mühle, Saft von $1/2$ Zitrone, 4 EL Olivenöl, 1 EL Portwein

Die Knoblauchzehen schälen, halbieren und eine Salatschüssel damit ausreiben. Die Zwiebeln schälen und in dünne Scheiben schneiden. Die Tomaten und Zucchini waschen, halbieren, Stielansätze entfernen und in Scheiben schneiden. Die Äpfel waschen, vierteln, Kerngehäuse entfernen und die Apfelviertel in dünne Spalten schneiden. Die Paprikaschoten waschen, Stielansätze, Kerngehäuse und Rippen entfernen und in dünne Streifen schneiden.
Die Zutaten in die vorbereitete Salatschüssel geben, mit Salz und Pfeffer würzen, den Zitronensaft hinzufügen und zum Schluss das Olivenöl darübergießen. Alles gut miteinander vermischen und etwa 20 Minuten ziehen lassen. Zum Schluss den Portwein unter den Salat mischen. Mit geröstetem Weißbrot servieren.
Für 4 Personen
Pro Portion: 165 kcal

TIPP Die Apfelsorte Cox Orange eignet sich besonders gut für diesen Salat.

GRIECHISCHER HIRTENSALAT

1 Kopf Salat, 600 g Fleischtomaten, 1 kleine rote Paprikaschote, 1 Zwiebel, 50 g schwarze entsteinte Oliven, 4 EL Olivenöl, 1 EL Sojaöl, 2 EL Weißweinessig, Salz, 1 Prise Zucker, 1 TL mittelscharfer Senf, 1 Bund Schnittlauch, geschnitten, 150 g Schafskäse (40 % Fett i. Tr.), Pfeffer aus der Mühle

Den Salat zerpflücken und waschen. Eine große Platte damit auslegen. Die Tomaten waschen, in Scheiben schneiden. Auf dem Salat anordnen.

Die Paprika waschen und in Scheiben schneiden. Die Zwiebel abziehen und in Ringe hobeln. Beides auf den Tomaten verteilen. Mit den Oliven bestreuen.

Öl, Essig, Salz, Zucker und Senf verquirlen. Den Schnittlauch unter die Marinade rühren und den Salat damit beträufeln. Den Schafskäse darüberbröckeln, mit Pfeffer würzen.

Für 4 Personen

Pro Portion: 225 kcal

MÖHRENSALAT ASIATISCH

350 g Möhren, 1–2 cm frische Ingwerwurzel, 1 Knoblauchzehe, 3 Frühlingszwiebeln, 2 EL Sojasauce, Saft von 1 Zitrone, Pfeffer aus der Mühle, 3 EL Sesamöl, 2 EL Sesamsaat, geröstet

Die Möhren schälen und in feine Scheiben schneiden. In kochendem Salzwasser eine Minute blanchieren, eiskalt abschrecken und gut abtropfen lassen.

Die Ingwerwurzel schälen und fein hacken. Zufügen. Den Knoblauch

schälen und durch die Presse dazudrücken. Die Frühlingszwiebeln putzen, waschen, in feine Ringe schneiden und mit den restlichen Zutaten mischen.
Die Sojasauce mit Zitronensaft und Pfeffer verrühren. Das Sesamöl in feinem Strahl mit dem Schneebesen unterrühren. Die Sauce über den Salat gießen und mischen. Mit Sesamsaat bestreuen.
Für 4 Personen
Pro Portion: 165 kcal

BRUNNENKRESSE MIT PILZEN UND SPROSSEN

1 Bund Brunnenkresse (ca. 300 g), 200 g Egerlinge oder Champignons, Saft von 1/2 Zitrone, 100 g Sonnenblumensprossen

Vinaigrette: *2 Schalotten, 3 EL Sherryessig, 5 EL Sonnenblumenöl, Salz, Pfeffer aus der Mühle, 1 Bund Schnittlauch*

Die Brunnenkresse putzen, waschen und gut abtropfen lassen. Die Pilze putzen und blättrig schneiden. Sofort mit etwas Zitronensaft beträufeln.
Für die Vinaigrette Schalotten schälen und fein hacken. Mit Essig, Öl, Salz, Pfeffer und Schnittlauchröllchen vermischen.
Die Brunnenkresse, Pilze und die gut abgetropften Sonnenblumensprossen in einer großen Schüssel vermischen, mit der Vinaigrette übergießen, locker untermischen und sofort servieren.
Für 4 Personen
Pro Portion: 120 kcal

FELDSALAT MIT PILZEN, AVOCADO UND PARMESAN

100 g Feldsalat, 1 Apfel, 100 g Champignons, 1 reife Avocado, Saft von 1 Zitrone, 200 g frischer Parmesan (im Stück), 1 Bund Dill

Sauce: *2 EL Weinessig, 1 TL Senf, Salz, Pfeffer aus der Mühle, 2 EL Olivenöl, 3 EL Crème fraîche*

Von dem Feldsalat die welken Blätter entfernen, die Wurzelenden abschneiden und den Salat gründlich waschen.

Den Apfel schälen, vierteln, das Kerngehäuse entfernen und in Streifen schneiden. Die Champignons putzen, waschen und in dünne Scheiben schneiden. Die Avocado halbieren, den Kern herauslösen und die Haut abziehen. Das Avocadofleisch ebenfalls in Scheiben schneiden. Die Apfelstreifen, Champignon- und Avocadoscheiben mit Zitronensaft beträufeln. Den Parmesan in Stücke brechen.

Für die Salatsauce Essig und Senf miteinander vermischen. Unter Rühren mit einem Schneebesen Salz und Pfeffer, Öl und Crème fraîche hinzugeben.

Die Salatzutaten auf Tellern anrichten und mit der Sauce übergießen. Den Dill mit einer Schere klein schneiden und den Salat damit dekorieren.

Für 4 Personen

Pro Portion: 405 kcal

TIPP Es sieht auch schön aus, wenn Sie den Parmesan mit einem Trüffelhobel über den Salat verteilen.

KRAUTSALAT MIT SHIITAKEPILZEN

300 g Weißkohl, 1 weiße Zwiebel, Salz, Pfeffer aus der Mühle, 200 g Shiitakepilze, 20 g Butter, 1/2 TL Kümmel, 1/2 TL getrockneter Thymian

Marinade: *3 EL Himbeeressig, 1/2 TL Honig, 3 EL Wasser, 5 EL Distelöl*

Den Weißkohl waschen und sehr fein hobeln. Die Zwiebel schälen und ebenfalls fein hobeln. Kraut und Zwiebel in einer Schüssel mischen und mit Salz und Pfeffer bestreuen. Zugedeckt 2 Stunden durchziehen lassen.
Die Pilze putzen, kurz unter fließendem Wasser waschen und in schmale Streifchen schneiden.
Die Butter in einer kleinen Pfanne erhitzen und die Pilze darin anbraten. Mit gehacktem Kümmel, Thymian und Salz würzen und noch 5 Minuten weiterbraten.
Himbeeressig, Honig und Wasser verrühren. Das Öl mit dem Schneebesen unterschlagen.
Die Pilze zum Krautsalat geben, die Marinade darübergießen und alles gut durchmischen.
Als Vorspeise oder als kleinen Imbiss mit Vollkornbaguette und Butter servieren.
Für 4 Personen
Pro Portion: 198 kcal

TIPP Sie können den Weißkohl auch ganz kurz in Salzwasser blanchieren und dann mit der gleichen Marinade anmachen.

BUNTER SALAT MIT KIRSCHTOMATEN

1 Kopfsalat, 1 Lollo Rosso, 250 g Kirschtomaten, 1 Salatgurke, je 1 rote, grüne, gelbe Paprikaschote, 1 Bund Frühlingszwiebeln, 1 rote Zwiebel, 50 g Sonnenblumenkerne, 4 EL Aceto Balsamico, Salz, Pfeffer aus der Mühle, 8 EL Olivenöl, 1 TL Senf

Die Salatblätter waschen und abtropfen lassen. Die Tomaten waschen und halbieren. Die Gurke schälen, halbieren, entkernen und in Würfel schneiden. Die Paprikaschoten waschen, putzen und in dünne Ringe oder kleine Würfel schneiden. Die Frühlingszwiebeln und die rote Zwiebel schälen und beides in feine Ringe schneiden.
Die Sonnenblumenkerne in einer Pfanne goldbraun rösten und auskühlen lassen. Die Zutaten in einer großen Schüssel vermischen.
Aus Essig, Salz, Pfeffer, Öl und Senf eine Vinaigrette zubereiten und über den Salat gießen. Die Sonnenblumenkerne darüberstreuen.
Für 4 Personen
Pro Portion: 220 kcal

AVOCADO-TOMATEN-SALAT

4 reife Avocados, Salz, Pfeffer aus der Mühle, 2 vollreife Tomaten, 50 g kleine Kapern

Vinaigrette: *Salz, Pfeffer aus der Mühle, 2 EL Sherryessig, 6 EL Traubenkernöl, 2 Schalotten, 1 Knoblauchzehe, 50 g Kerbel*

Die Avocados schälen, halbieren und den Kern entfernen. Zwei Avocados in feine Scheiben schneiden und auf 4 Tellern anordnen. Mit Salz und Pfeffer bestreuen. Salz, Pfeffer und Essig verrühren, das Öl

mit einem kleinen Schneebesen darunterschlagen. Gehackte Schalotten, zerdrückten Knoblauch und gehackten Kerbel untermischen, 4 Kerbelzweige für die Garnitur aufbewahren. Die Avocadoscheiben mit Hilfe eines Pinsels mit einem Drittel der Vinaigrette bestreichen. Die Tomaten blanchieren, häuten, halbieren und das Fruchtfleisch in kleine Würfel schneiden. Die restlichen Avocados in Würfel schneiden und mit den Kapern und den Tomaten unter die zurückbehaltene Vinaigrette mischen. Das Avocadotatar in die Mitte der Teller häufen und jeweils mit einem Kerbelzweig garnieren.
Für 4 Personen
Pro Portion: 735 kcal

FITNESS-SALAT

200 g gemischter Blattsalat (Lollo Rosso, Spinat, Radicchio), 1 kleiner Kohlrabi, 2 Möhren, 5 Radieschen, 8 Egerlinge oder Champignons, 25 g gekeimte Sonnenblumenkerne, 4 EL milder Kräuteressig, 6 EL Sonnenblumenöl, Salz, Pfeffer aus der Mühle, 1 TL Senf, 50 g geröstete Sonnenblumenkerne

Die Salatblätter waschen. Den Kohlrabi waschen, schälen und in Streifen schneiden. Das übrige Gemüse waschen und putzen. Die Möhren in Scheibchen, die Radieschen in Stifte schneiden und die Egerlinge oder Champignons vierteln. Das Gemüse und die Keimlinge in eine Schüssel geben. Aus Essig, Öl, Salz, Pfeffer und Senf eine Vinaigrette zubereiten und über den Salat gießen. Auf 6 Teller je ein Blatt Radicchio und Lollo Rosso legen und den Salat darauf verteilen. Zum Schluss die Sonnenblumenkerne darüberstreuen.
Für 6 Personen
Pro Portion: 210 kcal

EISBERGSALAT MIT NÜSSEN UND CROÛTONS

1 Eisbergsalat, 20 Walnüsse, 2 EL weißer Weinessig oder Cidre, Pfeffer aus der Mühle, Salz, 1 TL Dijonsenf, 6 EL Walnussöl, 2 Scheiben Weißbrot, 1 Knoblauchzehe, 1 EL Butter, 1 EL Olivenöl

Welke Blätter vom Salat entfernen. Den Kopf vierteln und in feine Streifen schneiden, waschen und trockenschleudern. Die Walnüsse knacken und die Kerne hacken. Aus Weinessig oder Cidre, Pfeffer, Salz, Senf und Nussöl eine Marinade aufschlagen.

Das möglichst trockene Weißbrot entrinden und in Würfel schneiden. Knoblauch hacken und die Brotwürfel in einem Pfännchen mit Butter und Öl zu krossen Croûtons rösten. Zuletzt den Knoblauch unterziehen.

Den Salat und die Nusskerne mit der Marinade gut mischen, warme Croûtons darüberstreuen und den Salat sofort servieren.

Für 4 Personen

Pro Portion: 280 kcal

SPARGEL-ERDBEER-SALAT

500 g weißer Spargel, Salz, 1/2 TL Zucker, 10 g Butter, 250 g Erdbeeren, 100 g Champignons, 1 Kopfsalat, 1 Bund Brunnenkresse, 2 EL Rotweinessig, 1 EL Apfeldicksaft, 3 EL neutrales Öl, 2 EL Nussöl, Pfeffer aus der Mühle

Den Spargel schälen und in reichlich kochendem Wasser mit Salz, Zucker und Butter in 15–20 Minuten bissfest kochen.

Die Erdbeeren waschen, entstielen und halbieren. Die Champignons

putzen und in Scheiben schneiden. Den Kopfsalat und die Brunnenkresse verlesen, zerpflücken, waschen und trockenschleudern. Den Essig, das Salz und den Apfeldicksaft verrühren, dann unter Rühren die Öle dazugießen.
Die abgetropften Spargelstangen in 5 cm lange Stücke schneiden und zu den Salatzutaten geben. Mit der Vinaigrette übergießen und vermischen. Mit frisch gemahlenem Pfeffer bestreuen.
Für 4 Personen
Pro Portion: 310 kcal

KOHLRABIROHKOST MIT SPROSSEN

4 kleine, junge Kohlrabi, 2 kleine, junge Möhren, 200 g Mungobohnensprossen, frisch gekeimt

Dressing: *2 Eigelb, Salz, Pfeffer aus der Mühle, 1 TL milder Senf, Saft von 1 Zitrone, 50 g Joghurt, 6 EL Sonnenblumenöl*

Die Kohlrabi und Möhren schälen. Beides auf der groben Seite der Rohkostreibe raspeln. Die Mungobohnensprossen verlesen. Mit den Kohlrabi- und Möhrenraspeln vermischen.
Für das Dressing mit einem kleinen Schneebesen die Eigelbe mit Salz, Pfeffer, Senf und Zitronensaft cremig aufschlagen und nach und nach unter weiterem Schlagen das Öl dazugießen.
Das Dressing über die Salatzutaten gießen, alles gründlich miteinander verrühren und etwa 30 Minuten durchziehen lassen.
Für 4 Personen
Pro Portion: 310 kcal

SALADE NIÇOISE

4 Eier, 150 g frische Prinzessbohnen, 1 kleiner Frisée- oder Kopfsalat, 1 mittlerer Kopf Radicchio, 1 rote oder 1 gelbe Paprikaschote, 5 Tomaten, 1 rote Zwiebel, 1 Dose Tunfisch (natur), 10 Anchovisfilets (in Öl), 2 Knoblauchzehen, 1 Prise Zucker, Pfeffer aus der Mühle, körniges Salz, 2 EL Weinessig. 6 EL Olivenöl, 50 g schwarze Oliven

Die Eier hart kochen, abschrecken, schälen und vierteln. Die Bohnen entfädeln und zwei Minuten blanchieren. Die Salatköpfe putzen und waschen. Die Blätter auf einer großen Platte ausbreiten.

Die Paprikaschote halbieren, entkernen und in feine Streifen schneiden. Über die Salatblätter verteilen und die abgetropften Bohnen dazwischenstreuen.

Die Tomaten waschen und vierteln, die Zwiebel schälen und in Ringe schneiden. Beides in Schichten auf der Salatplatte anrichten.

Den Tunfisch abtropfen lassen. Dann grob zerpflücken und mit den Eivierteln auf der Salatplatte verteilen. Sechs Anchovisfilets klein schneiden und darüberstreuen.

In einem großen Mörser die restlichen Anchovisfilets mit den gehackten Knoblauchzehen, einer Prise Zucker, Pfeffer und Salz zu einer Paste zerstoßen. Erst mit dem Essig, dann nach und nach mit dem Olivenöl aufrühren.

Die Marinade über die Salatplatte träufeln, die Oliven darüberstreuen, ein wenig ziehen lassen und servieren.

Für 4 Personen

Pro Portion: 420 kcal

SALAT VON KIDNEYBOHNEN MIT SCHAFSKÄSE UND ROTEN ZWIEBELN

250 g Kidneybohnen (aus der Dose), 3 rote Zwiebeln, 1 Bund Basilikum, 4 Tomaten (ca. 400 g), 200 g Schafskäse, 100 g Azukibohnen- oder Alfalfasprossen

Vinaigrette: *Salz, 1–2 EL Aceto Balsamico, 1–2 EL Rotweinessig, 6 EL Olivenöl, Pfeffer aus der Mühle*

Die Kidneybohnen mit der Dosenflüssigkeit in einen Kochtopf schütten und bei mittlerer Hitze etwas erwärmen, aber keinesfalls kochen lassen.
Die Zwiebeln schälen und in feine Ringe, das Basilikum in feine Streifen schneiden. Die Tomaten kurz blanchieren, die Haut abziehen, halbieren und das Fruchtfleisch ohne Stängelansätze und Kerne achteln. Den Schafskäse in Würfel schneiden.
Die erwärmten Bohnen auf einem Sieb abtropfen lassen und mit den übrigen Salatzutaten vermischen.
Für die Vinaigrette alle Zutaten gründlich miteinander verquirlen und über den Salat gießen. So lange ziehen lassen, bis die Bohnen abgekühlt sind.
Für 4 Personen
Pro Portion: 545 kcal

TIPP Auch in feine Streifen geschnittene grüne Paprikaschote passt prima in den Salat.

SUPPEN, EINTÖPFE UND GEMÜSERAGOUTS

KARTOFFEL-PORREE-SUPPE

4 mittelgroße Stangen Porree, 5 mittelgroße Kartoffeln, 50 g Butter, 1 1/2 l Gemüsebrühe (aus Extrakt), 125 g Sahne, Salz, Pfeffer aus der Mühle

Den Porree gründlich waschen und in fingerbreite Stücke schneiden, die Kartoffeln schälen und in Würfel schneiden. Die Butter in einem Schmortopf zerlassen und den Porree darin leicht anrösten, bis er beginnt, glasig zu werden. Die Kartoffeln hinzugeben und weitere 5 Minuten unter Rühren andünsten. Mit der Brühe aufgießen. 40 Minuten kochen lassen.
Die Suppe durch ein Sieb passieren oder mit einem kleinen Teil der Flüssigkeit in der Küchenmaschine pürieren. Dabei aufpassen, dass der Porree nicht streifig bleibt. Die Suppe zurück in den Topf geben, mit der Sahne verrühren und aufkochen lassen. Abschmecken.
Für 4 Personen
Pro Portion: 310 kcal

GEMÜSEPÜREESUPPE

3 Möhren, 3 Kartoffeln, 1 junger Kohlrabi, 2 Stangen Porree, 100 g Butter, 1 Stängel Selleriekraut, 1 1/2 l Gemüsebrühe (aus Extrakt), 150 g ausgepalte junge Erbsen, gehackter Kerbel zum Bestreuen

Möhren, Kartoffeln und Kohlrabi schälen und in große Würfel oder Streifen schneiden. 2 Esslöffel Butter in einem Topf zerlassen und die Gemüse darin anschmoren.
Das Selleriekraut und die Brühe hinzufügen und 30 Minuten kochen

lassen. Die gewaschenen Erbsen hinzugeben und noch 10 Minuten weiterkochen.
Die Suppe durch ein Sieb streichen oder mit dem Stabmixer pürieren. Die restliche Butter vor dem Auftragen in Flöckchen unterrühren und die cremige Suppe mit fein gehacktem Kerbel bestreuen. Sofort in Teller füllen und servieren.
Für 4 Personen
Pro Portion: 320 kcal

SPARGELCREMESUPPE

500 g Bruchspargel, 1 l Wasser, 1/2 TL Zucker, 50 g Butter, 30 g Mehl, 125 g Sahne, 1 Eigelb, Pfeffer aus der Mühle, Salz, Saft und Schale von 1/2 unbehandelten Zitrone, 1 Bund Schnittlauch

Den Spargel waschen, schälen und die Stangen in Stücke schneiden. Das Wasser mit Salz, Zucker und Spargelabfällen zum Kochen bringen. 15 Minuten bei schwacher Hitze kochen, dann durch ein Sieb gießen.
Die Spargelstückchen in der Brühe in 15–20 Minuten garen. Aus Butter und Mehl eine helle Mehlschwitze zubereiten, mit der Spargelbrühe aufgießen und 15 Minuten kochen lassen. Sahne und Eigelb miteinander verquirlen und die Suppe legieren. Erhitzen, aber nicht mehr kochen lassen.
Die Spargelstückchen in die Suppe geben, mit Salz, frisch gemahlenem Pfeffer, Zitronensaft und -schale abschmecken. Mit den Schnittlauchröllchen bestreuen.
Für 4 Personen
Pro Portion: 310 kcal

MINESTRONE

150 g weiße oder rote Trockenbohnen, 2 Stangen Staudensellerie, 2 Möhren, 2 kleine Zucchini, 3 mehlig kochende Kartoffeln, 1 mittelgroße Zwiebel, 250 g Tomaten, 5 Stängel Petersilie, 1 Knoblauchzehe, 1/4 Kopf Wirsingkohl, einige Blättchen Basilikum und Salbei, 100 g kleine, zarte Brechbohnen, 300 g frische, junge Erbsen oder 1 Fenchelknolle, 4 EL Olivenöl, 150 g Spaghetti, Hörnchennudeln oder Reis, Salz, frisch geriebener Parmesan zum Bestreuen

Die Trockenbohnen am Vortag in kaltem Wasser einweichen und am nächsten Tag mit Wasser bedeckt gar kochen. Dann abgießen.
Den geschälten Sellerie und die Möhren in Streifen schneiden. Zucchini, geschälte Kartoffeln und Zwiebel in Würfel schneiden. Die Tomaten überbrühen, häuten und in Stücke schneiden, dabei das harte gelbe Mark zurücklassen. Die Petersilie und die geschälte Knoblauchzehe fein hacken. Den Wirsingkohl und die großen Basilikumblätter und den Salbei in Streifen schneiden. Die Brechbohnen putzen, ein- bis zweimal brechen, die Erbsen enthülsen oder den Fenchel in feine Streifen schneiden.
Das Olivenöl in einem hohen Topf mit Zwiebeln, Knoblauch und Petersilie erhitzen. Basilikum und Salbei hinzufügen und 5 Minuten rösten lassen. Das Gemüse, ohne Tomaten, Brechbohnen und Erbsen, in das Öl geben, mit 2 1/2 l Wasser aufgießen und salzen. Die gekochten Bohnen hinzufügen und 1 1/2 Stunden kochen lassen.
Tomatenstücke und Brechbohnen hinzufügen und eine weitere halbe Stunde kochen lassen. Dann Nudeln oder Reis und Erbsen an die Suppe geben. Nach weiteren 20 Minuten Kochzeit die Suppe mit Salz abschmecken. Servieren und mit geriebenem Parmesan bestreuen.

Für 4 Personen

Pro Portion: 665 kcal

GAZPACHO

500 g Tomaten, 1 große Salatgurke, 1 grüne Paprikaschote. 2 Knoblauchzehen, einige Kümmelkörner, 1 große Zwiebel, 4 Scheiben Weißbrot (vom Vortag) oder Toastbrot, 1 EL Rotweinessig, 3 EL Olivenöl, Salz, Pfeffer aus der Mühle, 50 g Butter

Zwei feste Tomaten beiseite legen. Den Rest der Tomaten überbrühen, häuten und in Stücke schneiden. Die Hälfte der Salatgurke schälen und in Stücke schneiden. Die Hälfte der Paprika ebenfalls in Stücke schneiden, die Knoblauchzehen schälen. Die Zwiebel schälen und eine Hälfte grob hacken. Zwei Brotscheiben in dem Essig mit etwas Wasser einweichen.
Die Tomaten-, Gurken- und Paprikastücke mit Knoblauchzehen und Zwiebel sowie dem Olivenöl mit dem Stabmixer pürieren, dann das eingeweichte Weißbrot und 1/4 l Wasser langsam hinzufügen. Die Gazpacho soll cremig wie eine dünne Mayonnaise sein. Mit Salz und Pfeffer abschmecken und mindestens 1–2 Stunden in den Kühlschrank stellen. Das verbliebene Weißbrot in kleine Würfel schneiden und in einer Pfanne mit der Butter rösten.
Die restlichen Tomaten, die Gurken-, Paprika- und Zwiebelhälften in kleine Würfel schneiden. Zusammen mit den gerösteten Weißbrotwürfeln auf kleinen Tellern zu der Andalusischen Gurkenkaltschale reichen. Jeder Essensteilnehmer streut sich je einen Löffel der Gemüse- und Brotwürfel auf die Suppe.
Für 4 Personen
Pro Portion: 210 kcal

TIPP Wenn die Suppe zu cremig ist, mit Tomatensaft verdünnen. Gazpacho ist eine Köstlichkeit an heißen Sommertagen.

FRÜHLINGSGEMÜSESUPPE

1 kg gemischtes junges Gemüse (Erbsen, Möhren, grüne Bohnen, Blumenkohl, Spargel, Kohlrabi, Wirsing), 60 g Butter, 1 1/2 l Gemüsebrühe, Salz, 2 EL gehackte Kräuter (Dill, Kerbel, Petersilie, Schnittlauch)

Das Gemüse putzen und in kleine Stücke oder Scheiben schneiden. Die Butter in einem großen Topf erhitzen, das Gemüse hineingeben, salzen und andünsten. Brühe zu dem Gemüse gießen und dieses langsam in 30 Minuten gar kochen.

Die Frühlingssuppe vor dem Anrichten, wenn nötig, mit etwas Salz abschmecken und mit den Kräutern bestreuen.

Für 4 Personen

Pro Portion: 200 kcal

GEMÜSESUPPE MIT POLENTANOCKEN

100 g Möhren, 50 g Knollensellerie, 100 g grüne Bohnen, 100 g Broccoliröschen, 3 Knoblauchzehen, gehackt, 20 g Butter, 1 1/4 l Gemüsebrühe, 25 g weiche Butter, 1 kleines Ei, 30 g Mehl, 30 g feiner Maisgrieß, Salz, 1 TL Thymianblättchen

Die Möhren und den Sellerie schälen und in dünne Stifte schneiden. Von den Bohnen die Enden abschneiden und – wenn nötig – die Fäden abziehen. Die Bohnen in Stücke schneiden. Alle Gemüse und den Knoblauch in der Butter kurz andünsten und die Gemüsebrühe aufgießen. 15 Minuten kochen lassen.

Für die Nocken Butter und Ei vermischen, Mehl, Maisgrieß und Salz zugeben, zu einem nicht zu weichen Teig verarbeiten. Die Thymi-

anblättchen untermischen. Den Teig 10 Minuten quellen lassen. Von dem Teig kleine Nocken abstechen und in die kochende Suppe geben. 10 Minuten ziehen lassen.
Für 4 Personen
Pro Portion: 280 kcal

KÜRBISSUPPE MIT GERÖSTETEN KÜRBISKERNEN

1 Kürbis mit gelbem Fleisch (ca. 1,5 kg), 1 Gemüsezwiebel,
3 EL Kürbiskernöl, 1 l Gemüsebrühe, 250 g Sahne, 100 g Butter,
Salz, Pfeffer aus der Mühle, frisch geriebene Muskatnuss,
100–150 g Kürbiskerne

Den Kürbis schälen. 300 g Fruchtfleisch in feine Streifen schneiden und beiseite legen, den Rest in kleine Stücke schneiden. Die Gemüsezwiebel schälen und grob hacken.
Das Öl in einem Topf erhitzen, die Zwiebel und die Kürbisstücke anschwitzen. Mit der Brühe und der Sahne ablöschen, die in kleine Stücke geschnittene Butter hinzufügen und mit Salz, Pfeffer und Muskatnuss würzen. Bei schwacher Hitze 15 Minuten kochen.
Die beiseite gelegten Kürbisstreifen 3 Minuten in kochendem Salzwasser blanchieren. Die Kürbiskerne in einer beschichteten Pfanne ohne Fettzugabe bei mittlerer Hitze knusprig rösten.
Die Suppe fein pürieren, durch ein Sieb streichen und erneut zum Kochen bringen, dann wieder schaumig aufschlagen. Die blanchierten Kürbisstreifen und die gerösteten Kürbiskerne auf tiefe Teller verteilen, mit der heißen Kürbissuppe begießen und servieren.
Für 4 Personen
Pro Portion: 775 kcal

RATATOUILLE À LA PROVENCE

750 g Fleischtomaten, 2 große Zwiebeln, 2–3 Knoblauchzehen, je ein Zweig Thymian, Majoran, Rosmarin, 1 Lorbeerblatt, 1/4 l Olivenöl, 1/4 l trockener Weißwein, 1/4 l Tomatensaft, Salz, Pfeffer aus der Mühle, 3 rote Paprikaschoten, 750 g kleine Zucchini, 750 g Auberginen

Die Tomaten kreuzweise einschneiden, kurz in kochendes Wasser tauchen, enthäuten, den grünen Stielansatz entfernen und in Achtel schneiden.
Die Zwiebeln und die Knoblauchzehen schälen und fein hacken. Die Kräuter und das Lorbeerblatt mit Zwirn zusammenbinden, waschen und mit Küchenkrepp trockentupfen.
Die Hälfte des Olivenöls in einer Pfanne erhitzen, die Zwiebeln und den Knoblauch darin glasig andünsten, mit einem Schuss Weißwein ablöschen, die Tomaten und den Tomatensaft unterrühren. Mit Salz und Pfeffer würzen, gut umrühren und zum Schluss die zusammengebundenen Kräuter hinzufügen. Die Sauce zugedeckt bei schwacher Hitze etwa 45 Minuten ganz sanft köcheln lassen.
In der Zwischenzeit die Paprikaschoten auf einen Rost legen und auf der mittleren Schiene im Backofen bei etwa 250 °C so lange rösten, bis die Haut eine dunkle Färbung annimmt und Blasen wirft. Aus dem Ofen nehmen, in ein nasses Tuch einschlagen und etwas abkühlen lassen. Nun kann die Haut problemlos mit einem kleinen Messer abgezogen werden. Den Stielansatz, Rippen und Kerngehäuse entfernen und das Fruchtfleisch in kleine Stücke schneiden. In ein Sieb geben, etwas salzen und abtropfen lassen, zum Schluss mit Küchenkrepp trockentupfen.
Die Zucchini und Auberginen waschen, die Blüten- und Stielansätze entfernen und in etwa 1 cm dicke Scheiben schneiden.

Das restliche Öl in eine große Kasserolle geben und leicht erhitzen. Zucchini, Auberginen und Paprikaschoten hinzufügen, den restlichen Wein angießen, das Gemüse gut mischen und zugedeckt bei schwacher Hitze etwa 40 Minuten garen.
Anschließend die Tomatensauce dazugeben, alles gut mischen und nochmals mit Salz und Pfeffer abschmecken.
Für 4 Personen
Pro Portion: 800 kcal

LINSENSUPPE

150 g Linsen, 1 1/4 l Wasser, 3 Knoblauchzehen, 1 Stange Lauch, 3 Möhren, 50 g Knollensellerie, 1 Tomate, 2 EL Distelöl, 1 EL gekörnte Gemüsebrühe, 2 EL frisch gehackte Kräuter (Thymian, Petersilie, Bohnenkraut, Liebstöckel), Salz, Pfeffer aus der Mühle

Die Linsen auf einem Sieb waschen und über Nacht in Wasser einweichen. Im Einweichwasser zum Kochen bringen und in 50 Minuten garen. Die Knoblauchzehen schälen und fein hacken. Den Lauch putzen, waschen und in dünne Ringe schneiden. Die Möhren und den Sellerie schälen und grob raspeln. Die Tomate mit kochendem Wasser übergießen, die Haut abziehen, die Kerne und den Stielansatz entfernen. Die Tomate in kleine Würfel schneiden.
Das Öl in einer Pfanne erhitzen, den Knoblauch und sämtliche Gemüse darin 5 Minuten unter Rühren anbraten, anschließend in die kochende Linsensuppe geben. Mit der Gemüsebrühe zum Kochen bringen, 10 Minuten kochen.
Die Kräuter in die Suppe geben, mit Salz und Pfeffer abschmecken.
Für 4 Personen
Pro Portion: 190 kcal

ASIATISCHES GEMÜSERAGOUT

200 g Champignons, 300 g Chinakohl, 2 Stangen Staudensellerie, 15 Walnüsse, 4 Wasserkastanien (Fertigprodukt), 1 Stück Ingwerwurzel (4 cm), 4 EL Öl, 100 g tiefgekühlte Erbsen, 1 EL Sojasauce, Salz, Zucker

Die Champignons putzen, die Stielenden abschneiden und unter fließendem Wasser gründlich waschen. Mit Küchenpapier abtrocknen und in dünne Scheibchen schneiden. Den Chinakohl waschen, auf einem Sieb abtropfen lassen und in Streifen schneiden.
Die Selleriestangen waschen und wie die Kastanien und die Nüsse in Scheiben schneiden. Die geschälte Ingwerwurzel fein hacken.
Das Öl in einem Wok oder in einer hochwandigen Pfanne erhitzen und die Ingwerstücke darin kurz anrösten. Die Chinakohlstreifen hinzufügen und 2 Minuten anbraten. Die restlichen Gemüse hinzufügen und unter ständigem Rühren mit einem Holzlöffel andünsten, bis das Gemüse gar, aber noch knackig ist.
Die Sojasauce mit Salz und Zucker verrühren und über das Gemüse geben. Gut verrühren und sofort auftragen. Dazu körnig gekochten Reis reichen.
Für 4 Personen
Pro Portion: 265 kcal

TIPP Zusätzlich zwei Stängel fein gehacktes Zitronengras mitdünsten.

GEMÜSETOPF MIT SOJASPROSSEN

8 kleine Zucchini, 1 mittelgroße Aubergine, 2 rote Paprikaschoten, 2 italienische Eiertomaten, 2 Schalotten, je 1 EL gehacktes Basilikum, Oregano und Thymian, 4 EL Olivenöl, Kräutersalz, Pfeffer aus der Mühle, 150 g frische Sojabohnensprossen

Die Zucchini und die Aubergine waschen, Enden entfernen und das Gemüse in kleine Würfel schneiden. Die Paprikaschoten waschen, den Stielansatz, die Rippe und das Kerngehäuse entfernen und das Fruchtfleisch ebenfalls in kleine Würfel schneiden.

Die Tomaten kreuzförmig einschneiden, kurz mit kochendem Wasser überbrühen, enthäuten und ebenfalls in kleine Stückchen schneiden. Die Schalotten schälen und fein hacken. Die Kräuter waschen, trockentupfen und ebenfalls fein hacken.

Das Olivenöl in einer Pfanne erhitzen, die Zucchini und die Auberginen kurz anbraten und danach die Paprika, Tomaten und Schalotten hinzufügen. Das Gemüse gut umrühren, mit Salz und Pfeffer würzen und zugedeckt etwa 20–30 Minuten im eigenen Saft garen.

Zum Schluss die Sojabohnensprossen hinzufügen und etwa 3 Minuten mitdünsten.

Für 4 Personen
Pro Portion: 280 kcal

TIPP Sie können das Gemüsegericht zusätzlich mit geriebenem Käse bestreuen und im Backofen überbacken.

MALAYSISCHES GEMÜSECURRY

200 g grüne Bohnen, 1/2 Blumenkohl, 2 Möhren, 2 Kartoffeln, 2 frische Chilischoten, 4 EL Kokosflocken, 1/2 TL Chinagewürz, 1/2 Becher Naturjoghurt (ca. 65 g), 1 TL indisches Curry, 1 EL Sesamsamen

Die Bohnen waschen, an den Enden kappen, entfädeln und schräg in Streifen schneiden. Den Blumenkohl waschen und in kleine Röschen teilen. Die Möhren und Kartoffeln schälen und nach chinesischer Art schräg in Streifen schneiden. Die Chilischoten entkernen und in Ringe schneiden. Die Kokosflocken wässern.

Alle Gemüse in einem Topf mischen, mit Chinagewürz bestreuen, knapp mit heißem Wasser bedecken und aufkochen. Dann zugedeckt bei geringer Hitze 15 Minuten garen.

Vom Herd nehmen und die Kochflüssigkeit abgießen. Joghurt, abgetropfte Kokosflocken und Curry untermischen und auf der warmen Herdplatte 5 Minuten ziehen lassen, aber nicht kochen.

Die Sesamsamen in einer beschichteten Pfanne goldbraun rösten und über das Curry geben. Dazu passt Reis oder Safranhirse.

Für 4 Personen

Pro Portion: 125 kcal

TIPP Noch sämiger wird das Curry, wenn Sie den Joghurt durch Kokosmilch (gibt es fertig zu kaufen) ersetzen. Dann sollten Sie das Gericht aber vor dem Servieren eventuell nochmals mit Currypulver abschmecken.

BORSCHTSCH

500 g Rote Bete, 300 g Kartoffeln, 200 g Möhren, 1/2 Knolle Sellerie (200 g), 100 g Petersilienwurzel, 5 Zwiebeln (200 g), 4 EL Sonnenblumenöl, 500 g Tomaten, 3 EL Rotweinessig, 1 Prise Zucker, 2–2 1/2 l Gemüsebrühe, 1/2 Weißkohl (500 g), 1 Bund Dill, 250 g saure Sahne, Zucker, Pfeffer aus der Mühle, Salz

Die Wurzelgemüse gut schälen und waschen. Rote Bete, Kartoffeln und Möhren in grobe, Sellerie, Petersilienwurzel und Zwiebeln hingegen in feine Würfel schneiden.
Das Öl in einem schweren Topf erhitzen und die Zwiebelwürfel rasch andünsten. Dann alle anderen Gemüsewürfel anschmoren. Die Tomaten blanchieren, kalt abschrecken, häuten und dann hacken. Unter das schmorende Gemüse mischen, mit Essig und Zucker würzen.
Einen Finger breit mit Brühe bedecken. Alles kurz aufkochen und zugedeckt 30 Minuten leise köcheln lassen.
Den Weißkohl putzen und waschen. Die Blätter in grobe Streifen, den Strunk in feine Scheiben schneiden. Unter das Gemüse mengen, Brühe bis zur Oberfläche nachgießen und weitere 20 Minuten zugedeckt köcheln lassen.
Den Dill waschen, trockentupfen und fein hacken und wie die saure Sahne in einer Schale auf den Tisch stellen. Den Borschtsch mit Zucker, Pfeffer und Salz abschmecken und heiß auftragen. Saure Sahne und Dill nach Belieben auf den Teller geben.
Für 4 Personen
Pro Portion: 260 kcal

TIPP Anstelle von saurer Sahne können Sie auch Crème fraîche reichen.

PASTA, REIS & KORN

TORTELLINI IN PILZSAHNE

400 g Tortellini (fertig gekauft), Salz, 400 g braune Champignons,
1 große Zwiebel, 30 g Butter, 1 EL Mehl, 1/8 l Milch, 125 g Sahne,
Pfeffer aus der Mühle, 2 Salbeiblätter, 1/2 Bund Petersilie

Die Tortellini in reichlich leicht gesalzenem Wasser bissfest kochen, abgießen, abtropfen lassen und heiß halten.
Die Champignons putzen, kurz unter fließendem Wasser waschen oder mit Küchenpapier sorgfältig abwischen. In feine Scheibchen schneiden. Die Zwiebel schälen und fein hacken.
Die Butter in einem Topf erhitzen, die Zwiebel darin glasig braten. Die Champignons zugeben. Unter Rühren braten, bis alle austretende Flüssigkeit verkocht ist. Das Mehl darüberstreuen und unter Rühren anschwitzen lassen. Die Milch und Sahne angießen, die Sauce einige Minuten kochen lassen. Mit Pfeffer und Salz würzen. Die Salbeiblätter und die Petersilie waschen und hacken.
Die Tortellini auf einer vorgewärmten Platte anrichten. Die Pilzsauce darauf verteilen und mit den gehackten Kräutern bestreuen.
Für 4 Personen
Pro Portion: 430 kcal

TIPP Die Pilzsauce können Sie auch mal zu anderen Nudeln servieren. Schmeckt prima!

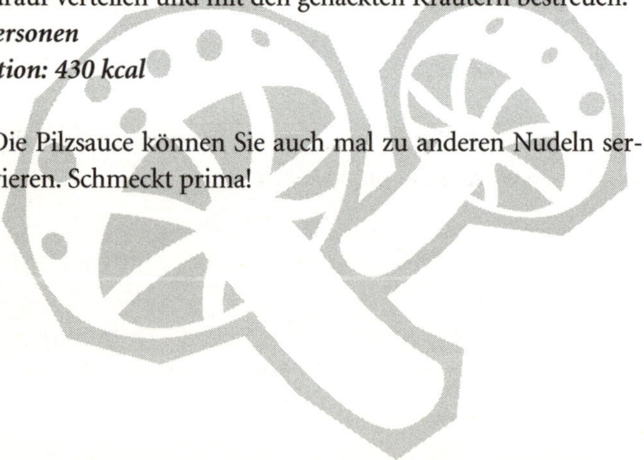

SPAGHETTI MIT SPINAT UND SCHAFSKÄSE

2 EL Olivenöl, 1 Zwiebel, gehackt, 300 g tiefgekühlter Spinat, gehackt, 1/4 l Gemüsebrühe, 500 g Spaghetti, Salz, Pfeffer aus der Mühle, frisch geriebene Muskatnuss, 1 TL Oregano, frisch oder getrocknet, 200 g Schafskäse, 2 EL Pinienkerne

Das Olivenöl in einem mittelgroßen Topf erhitzen und die Zwiebelwürfel darin glasig dünsten. Den Spinat dazugeben, mit der Brühe aufgießen und 10 Minuten köcheln lassen, dabei ab und zu umrühren. Die Spaghetti in Salzwasser in 8–10 Minuten al dente kochen und abgießen.

Den Spinat mit Salz, Pfeffer, Muskatnuss und Oregano würzen. Den Schafskäse zerbröckeln oder grob zerschneiden. Unter den Spinat mischen und 5 Minuten weiterköcheln lassen. Die Pinienkerne einstreuen und nochmals abschmecken.

Die Spaghetti auf vier Teller verteilen, die Sauce als Klacks in die Mitte geben.

Für 4 Personen

Pro Portion: 680 kcal

TIPP Die Pinienkerne bei mittlerer Hitze in einer trockenen, beschichteten Pfanne anrösten.

BUCATINI MIT ZUCCHINI UND TOMATENSUGO

500 g kleine Zucchini, 300 g Eiertomaten, 2 Knoblauchzehen, je 1/2 Bund Petersilie und Basilikum, 4 EL Olivenöl, Salz, Pfeffer aus der Mühle, 1 Msp. Rosenpaprika, 400 g Bucatini, 1 nussgroßes Stück Butter, frisch geriebener Pecorino oder Parmesan

Die Zucchini waschen, Blüten- und Stielansätze entfernen und in nicht zu kleine Würfel schneiden. In ein Sieb geben, etwas salzen und etwa 15 Minuten ziehen lassen. Die Tomaten kreuzförmig einschneiden, kurz in heißes Wasser tauchen, enthäuten, den grünen Stielansatz entfernen und in kleine Würfel schneiden.

Die beiden Knoblauchzehen schälen, hacken und mit der Messerbreitseite zerdrücken. Die Petersilie und das Basilikum waschen, trockentupfen, grobe Stiele entfernen und fein hacken.

2 Esslöffel des Öls in einer Kasserolle erhitzen und den Knoblauch kurz anbraten. Die Tomaten, die Petersilie und das Basilikum hinzufügen, mit Salz, Pfeffer und Rosenpaprika abschmecken und alles gut vermischen. Den Sugo zugedeckt bei schwacher Hitze etwa 20 Minuten köcheln lassen.

Die Zucchini mit Küchenkrepp sorgfältig trockentupfen. Das restliche Olivenöl in einer Pfanne erhitzen, die Zucchini darin von allen Seiten braun anbraten und warm halten.

Reichlich Salzwasser zum Kochen bringen und die Bucatini al dente kochen, abgießen und mit einem nussgroßen Stück Butter in eine vorgewärmte Schüssel geben. Die Zucchini und den Tomatensugo unter die Bucatini mischen, mit dem frisch geriebenen Käse bestreuen und sofort servieren.

Für 4 Personen
Pro Portion: 560 kcal

PENNE MIT WILDEM SPARGEL

500 g wilder, ersatzweise grüner Spargel, 1 Zwiebel, 40 g Butter, 1 Stück getrocknete Chilischote, 300 g Penne (kurze Makkaroni), 200 g Sahne, 1 EL Tomatenmark, Salz, Pfeffer aus der Mühle, 1/2 Bund Petersilie

Den wilden Spargel waschen und den unteren Teil entfernen. Den grünen Spargel am unteren Teil schälen und in schräge Stücke schneiden. Die geschälte Zwiebel in Würfel schneiden.

Die Butter in einer großen Pfanne erhitzen und die Zwiebelwürfel darin anbraten. Den Spargel sowie die Chilischote hineingeben und mit anbraten.

Die Nudeln in kochendem Salzwasser al dente kochen.

Die Sahne und das Tomatenmark vermischen, zum Gemüse geben und etwas einkochen lassen. Sobald die Sauce cremig ist, die abgetropften Nudeln dazugeben, mit Salz und Pfeffer würzen und alles vorsichtig miteinander vermischen. Noch einmal kurz erwärmen und zum Schluss mit gehackter Petersilie bestreuen.

Für 4 Personen

Pro Portion: 600 kcal

CHINESISCHE EIERNUDELN MIT INGWER

400 g frische oder 300 g getrocknete chinesische Eiernudeln, 2 Stücke frische Ingwerwurzel (je 5 cm), 16 Frühlingszwiebeln, 4 EL Erdnuss- und Maisöl, 1 TL Salz, 4 EL Austernsauce (Fertigprodukt)

In einem großen Topf reichlich Wasser zum Kochen bringen. Die Nudeln hineingeben und in 1–1 1/2 Minuten (frische) oder 4 Minuten (getrocknete) al dente kochen. Auf einem Sieb abtropfen lassen und auf einer Platte warm stellen.
Die geschälten Ingwerwurzeln und geputzten Frühlingszwiebeln mit dem Grün der Länge nach in feine Streifen schneiden.
Einen Wok oder eine hochwandige Bratpfanne stark erhitzen. Das Öl hineingeben, die Ingwerstreifen hinzufügen und einige Sekunden unter Umrühren braten. Dann die Frühlingszwiebeln dazugeben und pfannenrühren, bis sie gut durchgewärmt sind. Mit Salz abschmecken und vom Herd nehmen.
Die gekochten Eiernudeln in den Wok zu den angedünsteten Frühlingszwiebeln geben und mit 2 Essstäbchen oder einer Gabel gut wenden. Die Austernsauce hinzufügen und die Nudeln erneut wenden. Im Wok servieren oder in eine vorgewärmte Schüssel geben.
Für 4 Personen
Pro Portion: 410 kcal

TIPP Die Verwendung von frischer Ingwerwurzel ist für dieses Rezept unerlässlich!

SPAGHETTI MIT WILDKRÄUTERN

400 g Vollkornspaghetti, Salz, 150 g gemischte, frische Wildkräuter (z. B. junger Löwenzahn, Vogelmiere, Sauerampfer, Rucola und Gänseblümchen), 40 g Butter, 1 Schalotte, gehackt, 1 Knoblauchzehe, gehackt, Pfeffer aus der Mühle, 2 EL frisch geriebener Parmesan, 30 g geröstete Sonnenblumenkerne

Die Vollkornnudeln in 2 Liter kochendem Salzwasser nach Anweisung auf der Packung al dente kochen.
In dieser Zeit die Wildkräuter waschen, verlesen, gegebenenfalls harte Stiele und Blätter entfernen. Die Kräuter grob hacken. Nur frische Kräuter verwenden, denn sie sind ausschlaggebend für den Wohlgeschmack dieses Gerichts.
Die Butter in einer großen, beschichteten Pfanne erhitzen und die Schalotten- und die Knoblauchwürfel darin glasig braten. Die Wildkräuter hinzufügen, alles salzen und pfeffern und kurz durchschwenken.
Die Nudeln auf einen Durchschlag schütten, gut abtropfen lassen und dann sofort in die Pfanne zu den Kräutern geben. Die Spaghetti mit Parmesan bestreuen und alles mithilfe von zwei Kochlöffeln locker miteinander vermischen. Die Vollkornnudeln auf vorgewärmte Teller verteilen und mit den gerösteten Sonnenblumenkernen bestreut servieren.
Für 4 Personen
Pro Portion: 300 kcal

TIPP Mischen Sie die Wildkräuter auch mit Gartenkräutern, z. B. Rosmarin oder Thymian, ganz nach Ihrem Geschmack.

RAVIOLI MIT RICOTTAFÜLLUNG

Teig: *400 g Weizenmehl, 2 Eier, 10 EL Wasser*

Füllung: *300 g Spinat, 30 g Butter, 300 g Ricotta oder Schichtkäse, 2 Eigelb, Salz, frisch geriebene Muskatnuss, 40 g frisch geriebener Parmesan*

Außerdem: *100 g Butter, einige Salbeiblätter, 40 g frisch geriebener Parmesan*

Für den Teig das Mehl auf ein Holzbrett geben und in die Mitte eine Vertiefung drücken. Die Eier und das Wasser hineingeben und die Zutaten mit den Händen schnell zu einem glatten Teig verarbeiten. In ein feuchtes Tuch oder eine Klarsichtfolie hüllen und 20 Minuten ruhen lassen.

Inzwischen für die Füllung den Spinat waschen, tropfnass in einen Topf geben und aufkochen, bis er zusammenfällt. Den Spinat fein hacken. Die Butter in einer Pfanne zerlassen und den Spinat darin andünsten. Erkalten lassen.

Den Ricotta und die Eigelb mit dem Spinat verrühren und herzhaft mit Salz und Muskat abschmecken. Den Parmesan hinzufügen.

Den Teig mit einer Nudelmaschine oder mit einem Nudelholz dünn ausrollen. Auf die Hälfte des Teiges in 4 cm Abstand nussgroße Kügelchen von der Füllung setzen. Die andere Teighälfte darüberlegen und mit einem Teigrädchen kleine Vierecke ausrädeln. Die Ränder nochmals fest andrücken.

Reichlich Salzwasser zum Kochen bringen und die Ravioli darin portionsweise in 5–7 Minuten al dente garen, herausnehmen und auf vorgewärmten Tellern anrichten.

Die Butter in einer Pfanne erhitzen und die Salbeiblätter darin bra-

ten. Über die Ravioli verteilen und mit dem Parmesan bestreuen.
Für 4 Personen
Pro Portion: 880 kcal

MAKKARONI MIT GEMÜSE

250 g Makkaroni, Salz, 2 Zwiebeln, 4 Knoblauchzehen, 1 Stange Lauch, 50 g Knollensellerie, 2 Möhren, 2 Fleischtomaten (300 g), 60 g Butter, 1/2 TL getrockneter Oregano, Pfeffer aus der Mühle, 80 g frisch geriebener Parmesan

Die Makkaroni in reichlich Salzwasser bissfest kochen und abgießen.
Die Zwiebeln und 3 Knoblauchzehen schälen und fein hacken. Den Lauch putzen, waschen und in Scheiben schneiden. Den Sellerie und die Möhren schälen und grob raspeln. Die Tomaten mit kochendem Wasser übergießen, schälen, entkernen und in Stücke schneiden.
40 g Butter erhitzen. Die Zwiebeln und den Knoblauch darin anbraten, die übrigen Gemüse zugeben und 10–15 Minuten dünsten. Mit Oregano, Pfeffer und Salz würzen.
Die restliche Butter erhitzen, die übrige Knoblauchzehe schälen und fein hacken, kurz in der Butter schwenken. Die abgetropften Makkaroni zugeben. Durchmischen und erhitzen. Die Makkaroni auf einer vorgewärmten Platte anrichten und das Gemüseragout darauf verteilen. Mit Parmesan bestreuen.
Für 4 Personen
Pro Portion: 475 kcal

TIPP Anstelle von Parmesan können Sie auch Pecorino verwenden und statt Knollensellerie Staudensellerie.

RÖMISCHE GNOCCHI

2 Knoblauchzehen, 3/4 l Milch, 150 g Vollkornweizengrieß, Pfeffer aus der Mühle, 1 TL Thymianblättchen, Salz, 150 g frisch geriebener Pecorino, 1 Eigelb, Fett für 2 Backbleche

Die Knoblauchzehen schälen und mit der Knoblauchpresse den Saft in die Milch drücken. Die Milch zum Kochen bringen und den Grieß einrieseln lassen. Mit Pfeffer, Thymian und Salz würzen. Den Grieß bei ganz schwacher Hitze in 10–15 Minuten ausquellen lassen. 100 g Pecorino einrühren.

Die Backbleche mit Fett bestreichen. Die Grießmasse zweifingerdick daraufstreichen und abkühlen lassen. Mit einem Glas Halbmonde ausstechen und auf das zweite Backblech setzen. Mit dem Eigelb bestreichen und dem restlichen Käse bestreuen.

Die Gnocchi auf der mittleren Schiene des auf 200 °C vorgeheizten Backofens 12–15 Minuten backen.

Für 4 Personen

Pro Portion: 412 kcal

CHAMPIGNON-RISOTTO

250 g Champignons, 2 Zwiebeln, 1 Knoblauchzehe, 60 g Butter, 300 g Rundkornreis, 1 l Gemüsebrühe, Pfeffer aus der Mühle, Salz, 1 TL getrockneter Oregano, 1 Bund Petersilie, gehackt, 50 g frisch geriebener Parmesan

Die Champignons putzen und in dünne Scheiben schneiden. Die Zwiebeln und die Knoblauchzehe schälen und fein hacken.

Die Hälfte der Butter in einem Topf erhitzen und die Zwiebeln darin

anbraten. Die Pilzscheiben und den Knoblauch zugeben und unter Rühren braten, bis die Pilzflüssigkeit verkocht ist. Den Reis einstreuen und kurz mitbraten. Die Brühe angießen, umrühren. Zugedeckt 20–25 Minuten garen. Den Pilzreis mit Pfeffer, Salz und Oregano abschmecken, die Petersilie unter den Reis mischen. Den Reis auf vorgewärmten Tellern anrichten. Die restliche Butter in Flöckchen darauf verteilen und das Gericht mit Parmesan bestreuen.
Für 4 Personen
Pro Portion: 480 kcal

TIPP Nehmen Sie statt Champignons einmal Steinpilze. Sie entfalten in diesem Gericht wunderbar ihr Aroma.

KNOBLAUCH-KRÄUTER-RISOTTO

3 Knoblauchzehen, 1 Zwiebel, 5 EL Olivenöl, 225 g Naturreis, 1/2–3/4 l Gemüsebrühe, Pfeffer aus der Mühle, 1 Prise Safran, 1/2 TL Kräuter der Provence, 2 EL frische gehackte Kräuter (z. B. Pimpinelle, Basilikum, Borretsch, Petersilie), 150 g frisch geriebener Chesterkäse

Die Knoblauchzehen und die Zwiebel schälen und fein hacken. Das Olivenöl in einer Pfanne erhitzen, den Knoblauch und die Zwiebel darin glasig werden lassen. Den Reis zugeben und anrösten. Mit der Gemüsebrühe auffüllen. Pfeffer, Safran und Kräuter der Provence zugeben. Den Reis in etwa 40 Minuten garen, dann noch ca. 5 Minuten nachquellen lassen.
Die frischen Kräuter und den Chesterkäse unterheben.
Für 4 Personen
Pro Portion: 499 kcal

INDISCHER GEMÜSEREIS

250 g Basmatireis, 3 mittelgroße, feste Tomaten, 1 Stückchen (6 cm) Ingwerwurzel, 6 schwarze Pfefferkörner, 1/4 l Wasser oder ungesalzene Gemüsebrühe, 1 große Zwiebel, 1 Knoblauchzehe, 2 EL Butterschmalz oder Pflanzenöl, 1 Stück (5 cm) Stangenzimt, 6 Gewürznelken, 2 große, schwarze oder 4 große, grüne Kardamomkapseln, leicht zerdrückt, 1 Lorbeerblatt, 1/2 TL Kurkuma (Gelbwurz), 1 TL Salz, 600 g gemischtes, frisches Gemüse (z. B. grüne Bohnen, Erbsen, Möhren, Blumenkohlröschen), Zitronenscheiben zum Garnieren

Den Reis gründlich waschen, 20 Minuten einweichen und abtropfen lassen.

Die Tomaten in Viertel schneiden. Die Ingwerwurzel schälen und fein reiben. Tomatenviertel, Pfefferkörner, Wasser oder Brühe und Ingwer in einer kleinen Kasserolle zum Kochen bringen. Die Hitze verringern, den Topf zudecken und die Mischung 10–12 Minuten kochen lassen. Dann durch ein Sieb passieren und genügend Wasser hinzufügen, um 1/2 l Tomatenbrühe zu erhalten. Beiseite stellen. Die Zwiebel und die Knoblauchzehe schälen und in Würfel schneiden. Das Fett bei mäßiger Hitze in einem Kochtopf erhitzen, Zwiebel-, Knoblauchwürfel, Stangenzimt, Nelken, Kardamom und Lorbeerblatt darin einige Sekunden anbraten. Den Reis hinzufügen und etwa 2 Minuten unter Rühren leicht anrösten.

Tomatenbrühe, Kurkuma und Salz dazugeben und alles zum Kochen bringen. Dann sofort die Hitze verringern, den Topf mit einem Deckel gut verschließen und den Reis 20–25 Minuten leicht kochen lassen, bis er gar und locker ist und alle Flüssigkeit aufgenommen hat.

In der Zwischenzeit das Gemüse putzen. Die Bohnen in Stücke schneiden, die Erbsen auspalen und die Möhren in dünne Julienne-

Streifen schneiden. Mit den Blumenkohlröschen in leicht gesalzenem Wasser kurz kochen – es soll noch Biss haben. Auf einem Sieb abtropfen lassen.
Den Reis vom Herd nehmen und das Gemüse über den Reis streuen. Sofort wieder bedecken und den Gemüsereis 5 Minuten stehen lassen, damit die zarten Körner sich festigen können. Den Deckel entfernen, den Reis sanft auflockern und das Gemüse daruntermischen. In eine heiße Schüssel füllen und mit ein paar Zitronenscheiben garnieren.
Für 4 Personen
Pro Portion: 315 kcal

RISOTTO MAILÄNDER ART

400 g italienischer Rundkornreis, 80 g Butter, 1 Zwiebel, gehackt, etwa 2 l Gemüsebrühe (selbst gemacht oder aus Extrakt), 1 Msp. Safranpulver, 50 g frisch geriebener Parmesan

Den Reis trocken mit einem Tuch abreiben. In einem Topf 1 Esslöffel Butter zerlassen. Die Zwiebelwürfel darin andünsten, den Reis hinzufügen und unter Umrühren rösten, bis er glasig ist. Nach und nach etwas von der kochenden Brühe aufgießen. Nach 10 Minuten Kochzeit den Safran hinzufügen. Weitere Brühe aufgießen und unter Umrühren im offenen Topf brodelnd kochen lassen, bis der Reis al dente (weich mit einem festen Kern) ist. Das dauert je nach Reissorte 15–20 Minuten. Den Risotto mit der restlichen Butter und der Hälfte des Parmesans vermischen. Auf vorgewärmten Tellern anrichten, den restlichen Käse dazugeben.
Für 4 Personen
Pro Portion: 610 kcal

HIRSOTTO MIT WALDPILZEN

250 g gemischte Waldpilze (Steinpilze, Pfifferlinge, Maronen), 1 Zwiebel, 1 Möhre, 1 kleine Petersilienwurzel, 20 g Butter, 100 g Hirsekörner, Salz, Pfeffer, etwas abgeriebene, unbehandelte Orangenschale, 1/4 l Gemüsebrühe, 1 EL Petersilie, gehackt

Die Pilze säubern und in nicht zu feine Scheiben schneiden. Die Zwiebel schälen, die Möhre und die Petersilienwurzel schrappen, waschen und alles in winzige Würfel schneiden.
Das Fett in einem Schmortopf erhitzen und das Gemüse darin anbraten. Die Pilze dazugeben und bei starker Hitze unter Rühren anbraten. Die Hirsekörner darüberstreuen, mit Salz, Pfeffer und Orangenschale würzen und mit der Brühe aufgießen. Einmal aufkochen lassen, dann bei schwacher Hitze zugedeckt in etwa 25 Minuten ausquellen lassen, dabei gelegentlich umrühren. Zum Schluss die Petersilie untermischen.
Für 2 Personen
Pro Portion: 280 kcal

POLENTA MIT FONTINAKÄSE

Salz, 300 g Maisgrieß, 200 g Fontinakäse, 50 g frisch geriebener Parmesan, 100 g Butter, Pfeffer aus der Mühle

1 Liter Wasser mit dem Salz in einem Topf zum Kochen bringen und den Maisgrieß unter ständigem Rühren mit einem Holzlöffel hineinschütten. Weiterrühren und 30 Minuten kochen lassen.
Den Fontina in Würfel schneiden und unter die Polenta rühren. Weitere 10 Minuten kochen lassen. Dann den Parmesan hinzufügen.

Die Butter zerlassen und unter ständigem Rühren an die Polenta geben, bis eine cremige Masse entsteht. Mit Pfeffer abschmecken. Die Polenta gleich servieren. Dazu gemischten Salat reichen.
Für 4 Personen
Pro Portion: 705 kcal

TIPP Das Rezept mit Fontina, einem halbfesten, vollfetten Käse aus dem Aostatal, ist ein sättigendes Hauptgericht.

GRÜNKERNBRATLINGE

20 g Butter oder Margarine, 1 gehackte Zwiebel, 150 g Grünkerngrieß, 0,2 l Gemüsebrühe (aus Extrakt), 1 Ei, 1 TL Kräutersenf, 2 EL geriebener Hartkäse, z. B. mittelalter Gouda, 1 EL gehackte Kräuter (Petersilie, Basilikum, Kerbel, Estragon), Salz, Pfeffer aus der Mühle, evtl. 1 EL geriebener Vollkorntoast, 2 EL Öl zum Braten

Das Fett in einem Kochtopf erhitzen und die Zwiebelwürfel darin glasig braten. Den Grünkerngrieß unterrühren und mit der Gemüsebrühe aufgießen. Zugedeckt bei schwacher Hitze etwa 15–20 Minuten ausquellen lassen, dabei gelegentlich umrühren. Die Masse etwas abkühlen lassen.
Das Ei, den Senf, den Käse und die Kräuter hinzufügen und mit Salz und Pfeffer würzig abschmecken. Falls die Masse noch zu weich ist, geriebenen Vollkorntoast untermischen.
Aus dem Grünkernteig 8 kleine Laibchen formen. Das Öl in einer beschichteten Pfanne erhitzen und die Bratlinge bei mittlerer Hitze auf jeder Seite etwa 4 Minuten braten.
Für 4 Personen
Pro Portion: 270 kcal

AUFLÄUFE, GRATINS & SOUFFLÉS

KARTOFFELGRATIN

1 kg Kartoffeln, Salz, Pfeffer aus der Mühle, frisch geriebene Muskatnuss, 2 Knoblauchzehen, 50 g geriebener Greyerzer Käse, 60 g Butter, 0,2 l Milch, 125 g Sahne, Butter für die Form

Gleichmäßig große Kartoffeln schälen, waschen, abtrocknen und in dünne Scheiben schneiden.
Eine flache Gratinform mit Butter ausstreichen, die Hälfte der Kartoffelscheiben hineinlegen. Salzen, pfeffern und den durchgepressten Knoblauch darüber verteilen. Mit der Hälfte des Käses und der Butter in Flocken bestreuen. Den Backofen auf 180 °C vorheizen.
Mit den restlichen Kartoffeln bedecken, nochmals würzen. (Das Gratin sollte nicht höher sein als ungefähr 4 cm.)
Die Milch mit der Sahne verrühren, mit Salz, Pfeffer und Muskatnuss würzen und über die Kartoffeln gießen. Das Gratin zugedeckt (am besten mit Alufolie) im Backofen auf der mittleren Schiene backen.
Nach 50 Minuten das Gratin mit dem restlichen Käse und den restlichen Butterflocken bestreuen und offen ca. 20 Minuten im Backofen auf der mittleren Schiene bei 220 °C überbacken.
Mit einer Gabel prüfen, ob die Kartoffeln gar sind. In der Form servieren.
Für 4 Personen
Pro Portion: 430 kcal

TIPP Variieren Sie das Gratin, indem Sie vorgedünstete Porreescheiben unter die Kartoffeln mischen. Anstelle von Käse und Knoblauch können Sie dünne Apfelscheiben zwischen die Kartoffelscheiben legen.

LASAGNE MIT SPINAT UND KÄSE

1 Zwiebel, 5 EL Olivenöl, 300 g tiefgekühlter, gehackter Spinat, Salz, Pfeffer, frisch geriebene Muskatnuss, 1 große Dose geschälte Tomaten (800 g), 1 gehackte Knoblauchzehe, 1 TL abgezupfte Thymianblättchen, 300 g frischer Ricotta oder Schichtkäse, 100 g frisch geriebener Parmesan, 9 rohe Lasagneblätter

Die Zwiebel schälen, in kleine Würfel schneiden und in 1 Esslöffel erhitztem Öl anschwitzen. Beiseite stellen. 1 Eßlöffel Öl in einer Kasserolle erhitzen, den aufgetauten Spinat hinzufügen, kurz darin erhitzen und mit Salz, Pfeffer und Muskat würzen.

Für die Tomatensauce die Tomaten in Stücke schneiden und mit dem Saft in einen Kochtopf schütten. Knoblauch und Thymian dazu geben und mit Salz und Pfeffer würzen. Zugedeckt etwa 20 Minuten köcheln lassen.

Den Backofen auf 200 °C vorheizen. Den Käse mit den Zwiebelwürfeln vermischen, 60 g Parmesan hinzufügen und würzen. Eine feuerfeste, längliche Form mit Öl ausstreichen und den Boden mit 3 Lasagneblättern auslegen. Zunächst mit der Hälfte der Ricottamasse bestreichen, dann mit der Hälfte des Spinats bedecken und so fortfahren, bis alle Zutaten verbraucht sind. Den Abschluss bilden die Teigplatten. Alles mit der Tomatensauce begießen, mit dem restlichen geriebenen Parmesan bestreuen und mit dem restlichen Olivenöl beträufeln.

Die Lasagne zugedeckt auf die mittlere Schiene des Backofens stellen und 20 Minuten garen lassen. Die Abdeckung entfernen und in weiteren 15–20 Minuten fertig backen.

Für 4 Personen

Pro Portion: 810 kcal

GEMÜSEGRATIN

250 g Langkornreis, Salz, 4 EL Pinienkerne oder Cashewnüsse, 2 EL Butter, 500 g Broccoli, 2 EL Öl, 20 Perlzwiebeln, 250 g Möhren, 250 g Champignons, Pfeffer aus der Mühle, 2 EL gemischte gehackte Kräuter (Dill, Petersilie, Kerbel, Schnittlauch)

Mornaysauce: *60 g Butter, 40 g Mehl, 1/4 l Milch, 1/4 l Gemüsekochwasser, Salz, Pfeffer aus der Mühle, frisch geriebene Muskatnuss, 5 EL Sahne, 100 g frisch geriebener Hartkäse (z. B. Gruyère), 3 Eigelb, Butter für die Form und für Flöckchen*

Eine große runde oder ovale Auflaufform dick mit Butter ausstreichen. Den Reis in reichlich Salzwasser in 10–12 Minuten gar kochen. Auf einen Durchschlag schütten und gut abtropfen lassen. Die Pinienkerne oder Cashewnüsse in einer Pfanne in 1 Esslöffel Butter unter Schütteln hellgelb rösten. Unter den Reis mischen. Auf dem Boden der Auflaufform verteilen.

Den gewaschenen Broccoli in Röschen zerteilen und 8 Minuten in Salzwasser nicht zu weich blanchieren. Auf einen Durchschlag schütten und abtropfen lassen.

Die restliche Butter und das Öl in einer hochwandigen Pfanne erhitzen und die geschälten Zwiebelchen darin unter Schütteln hellgelb braten. Die Möhren putzen, in Scheiben schneiden und zu den Zwiebeln geben. 10 weitere Minuten dünsten lassen. Zum Schluss die gesäuberten und in Scheiben geschnittenen Pilze zu dem Gemüse in die Pfanne geben und 3 Minuten mitschmoren lassen. Mit Salz und Pfeffer abschmecken.

Den Broccoli und die Kräuter mit dem Gemüse in der Pfanne vermischen und über den Reis in der Form verteilen. Den Backofen auf 220 °C vorheizen.

Für die Mornaysauce die Butter in einer Kasserolle zerlassen, das Mehl hinzufügen und hellgelb rösten. Unter Rühren mit dem Schneebesen Milch und Gemüsewasser (oder nur $^1/_2$ l Milch) aufgießen. Die Sauce 10 Minuten kochen lassen und mit Salz, Pfeffer und Muskat abschmecken. Die Sahne und den Käse hinzufügen. Den Topf vom Herd nehmen und die Sauce mit den Eigelben legieren. Über das Gemüse gießen und mit Butterflöckchen besetzen.
Auf der oberen Schiene im Backofen in etwa 15–20 Minuten goldgelb überbacken.
Für 4 Personen
Pro Portion: 810 kcal

TIPP Rühren Sie die Mornaysauce gut durch – es sollten keine Mehlklümpchen zurückbleiben. Perlzwiebeln sind nicht leicht zu bekommen, greifen Sie ersatzweise auf Schalotten zurück.

TORTELLINIGRATIN MIT GEMÜSE

500 g Tortellini (fertig gekauft), Salz, 400 g Zucchini, 3 EL Butter, 2 Knoblauchzehen, 3 Eier, 1/8 l Milch, 100 g frisch geriebener Parmesan, Pfeffer aus der Mühle, frisch geriebene Muskatnuss

Die Tortellini in kochendem Salzwasser nach Packungsanleitung garen. In ein Sieb schütten und gut abtropfen lassen.
Inzwischen die Zucchini waschen, vom Stängelansatz befreien und auf der Gemüsereibe mittelfein raspeln. Den Backofen auf 220 °C vorheizen.
In einer Pfanne 2 Esslöffel Butter erhitzen und die Zucchiniraspel darin 5 Minuten bei starker Hitze dünsten. Den Knoblauch schälen, dazudrücken und das Gemüse salzen.
Eine Auflaufform mit der restlichen Butter einfetten. Die Zucchiniraspel auf dem Boden verteilen und die Tortellini daraufgeben.
Die Eier mit der Milch verquirlen, den Parmesan untermischen und mit Salz, Pfeffer und Muskatnuss kräftig würzen. Diese Mischung gleichmäßig über das Gratin gießen.
Auf der mittleren Schiene des Backofens 15 Minuten gratinieren, bis die Oberfläche goldbraun geworden ist.
Für 4 Personen
Pro Portion: 775 kcal

TIPP 1–2 Esslöffel frisch gehackte Kräuter in die Eiermilch rühren. In diesem Fall die Muskatnuss weglassen.

NUDEL-PILZ-AUFLAUF

100 g Spiralennudeln, Salz, 2 Schalotten, 2 Knoblauchzehen, 2 mittelgroße Möhren (200 g), 250 g Austernpilze, 2 EL Öl, 2 Fleischtomaten, 1/2 Bund Petersilie, gehackt, 1/2 Bund Basilikum, gehackt, Pfeffer aus der Mühle, Fett für die Form, 1/4 l Milch, 2 Eier, 30 g frisch geriebener Parmesan

Die Nudeln in reichlich Salzwasser halb gar kochen, abschütten und abtropfen lassen.
Die Schalotten, den Knoblauch und die Möhren schälen, die Austernpilze putzen. Alles in kleine Würfel schneiden. Den Backofen auf 200 °C vorheizen. Das Öl in einer beschichteten Pfanne erhitzen und die gewürfelten Zutaten darin anschwitzen. Die Nudeln unterheben. Beiseite stellen.
Die Tomaten mit kochend heißem Wasser überbrühen, kurz darin ziehen lassen, dann häuten, halbieren, entkernen, die Stielansätze entfernen und die Tomaten in Würfel schneiden. Die Kräuter mit den Tomatenwürfeln unter die Nudelmischung geben. Salzen, pfeffern und alles in eine gefettete Auflaufform füllen.
Die Milch und die Eier gründlich verquirlen, mit Salz und Pfeffer würzen, den Auflauf damit begießen und mit Parmesan bestreuen. Den Auflauf im Backofen in etwa 30 Minuten goldbraun backen.
Für 4 Personen
Pro Portion: 310 kcal

TIPP Für den Guss können Sie auch die Hälfte der Milch durch Sahne ersetzen.

KARTOFFEL-PILZ-AUFLAUF

400 g gemischte Pilze (z. B. Austernpilze, Pfifferlinge), 1 kg Kartoffeln, 1/4 l Milch, 125 g Sahne, 2 Eier, Salz, Pfeffer aus der Mühle, frisch geriebene Muskatnuss, 1 gehackte Zwiebel, 2 EL Butter, 1 EL gehackte Petersilie, 1 EL gehackter Majoran, 1 Knoblauchzehe, 3 EL Weißwein, 3 EL Gemüsebrühe, 3 EL geriebener Greyerzer Käse oder Emmentaler, 20 g Butterflocken, Butter für die Form

Die Pilze säubern. Große Exemplare längs halbieren. Die Kartoffeln in der Schale kochen. Etwas abkühlen lassen, dann schälen und sofort durch die Kartoffelpresse drücken. Die Eier in Eigelb und Eiweiß trennen.

Die Kartoffeln mit der Milch, der Sahne und den Eigelben mischen. Die Eiweiße steif schlagen und unter die Masse ziehen. Mit Salz, Pfeffer und Muskatnuss abschmecken.

Die Zwiebel in der Butter dünsten. Die Pilze, die Hälfte der Kräuter und die durchgepresste Knoblauchzehe zufügen. Bei starker Hitze 2–3 Minuten dünsten, bis die Pilze keine Flüssigkeit mehr abgeben. Den Backofen auf 220 °C vorheizen.

Mit Weißwein ablöschen, etwas verdampfen lassen, die Brühe zufügen und weiterkochen, bis die Pilze knapp gar sind. Die restlichen Kräuter dazugeben, mit Salz und Pfeffer kräftig abschmecken. Eine nicht zu hohe Auflaufform mit Butter ausstreichen. Mit der Hälfte der Kartoffelmasse belegen. Das Pilzragout darauf verteilen. Mit Kartoffelmasse zudecken.

Den Käse darüberstreuen und die Butterflocken darauf verteilen. 20 Minuten auf der mittleren Schiene im Backofen überbacken.

Für 4 Personen

Pro Portion: 455 kcal

REISAUFLAUF MIT AUSTERNPILZEN

150 g Langkornreis, Salz, 1 Schalotte, 1 EL Butter, 150 g junge Austernpilze, 2 EL Sonnenblumenkerne, 80 g Schweizer Emmentaler, frisch gerieben, 4 Eigelb, Pfeffer aus der Mühle, 5 Eiweiß, 1 EL grob gehackte Kräuter (Petersilie oder Kerbel oder Dill), Butter und Mehl für die Form

Eine Auflaufform mit Butter ausstreichen und mit Mehl bestäuben. Den Reis in reichlich Salzwasser in 12–15 Minuten körnig weich kochen. Auf einen Durchschlag schütten und gut abtropfen lassen.
Die geschälte Schalotte fein hacken und in der Butter andünsten. Die Austernpilze putzen, falls nötig zerkleinern, zu den Schalottenwürfeln geben und weich schmoren.
Die Sonnenblumenkerne in einer kleinen Pfanne trocken rösten, bis sie eine etwas dunklere Farbe angenommen haben. Den Backofen auf 200 °C vorheizen.
Reis, Pilze, Sonnenblumenkerne und Käse in einer Schüssel vermischen. Die Eigelbe gründlich mit Salz und Pfeffer verrühren und zum Reis geben. Die Eiweiße zu festem Schnee schlagen und ein Viertel der Masse mit der Reismischung verrühren, den Rest vorsichtig unterheben.
Die Reismasse löffelweise in die Auflaufform geben. Den Rand zwischen Reis und Form mit dem Messer nachziehen, sodass er leicht von der Form gelöst wird.
Auf der mittleren Schiene im Backofen in etwa 30 Minuten goldgelb backen. Mit den Kräutern bestreuen und sofort auftragen.
Für 4 Personen
Pro Portion: 395 kcal

FENCHELAUFLAUF

500 g Fenchel, 250 g braune Champignons, 5 El Olivenöl, 1 große, rote Zwiebel, 400 g Fleischtomaten, Pfeffer aus der Mühle, Salz, 70 g Vollkornbrot, 70 g frisch geriebener Parmesan, abgeriebene Schale von 1 unbehandelten Zitrone, 3 Knoblauchzehen, Butter für die Auflaufform

Die Fenchelknollen putzen und waschen. Das Fenchelgrün abschneiden und aufbewahren. Die Knollen in dünne Scheiben schneiden. Die Champignons putzen, kurz unter fließendem Wasser waschen oder mit Küchenpapier sorgfältig abwischen und ebenfalls in dünne Scheiben schneiden.

Das Öl in einer großen Pfanne erhitzen, die Fenchelscheiben und die Champignons darin auf beiden Seiten anbraten. Die rote Zwiebel schälen, in Ringe schneiden und 10 Minuten mitbraten.

Die Tomaten mit kochendem Wasser überbrühen, abziehen, entkernen, die Stängelansätze entfernen und die Tomaten in Stücke schneiden. Die Tomaten ebenfalls in die Pfanne geben und weitere 10 Minuten mitgaren. Mit Pfeffer und Salz würzen.

Eine Auflaufform mit etwas Butter ausstreichen. Die Gemüse hineingeben. Die Vollkornbrotscheiben in kleine Krumen brechen und mit dem Parmesan vermischen. Die Zitrone abreiben und die Schale dazugeben. Die Knoblauchzehen schälen, fein hacken und ebenfalls in die Masse geben. Den Auflauf damit bestreuen. Auf mittlerer Schiene etwa 10 Minuten bei einer Temperatur von 200 °C überbacken.

Für 4 Personen
Pro Portion: 320 kcal

SPARGEL IM SPINATMANTEL

1 kg junger Spinat, Salz, 1,5 kg weißer Spargel, 1 TL Zucker, 50 g Butter, 150 g geriebener Schweizer Emmentaler, 100 g geriebener Parmesan, 2 Eigelb, 5 EL Sahne, Pfeffer aus der Mühle, frisch geriebene Muskatnuss

Den Spinat verlesen und gründlich waschen. Reichlich Salzwasser zum Kochen bringen und die Spinatblätter darin portionsweise 4–5 Minuten kochen. Mit einem Schaumlöffel herausheben, in einem Sieb abtropfen lassen, ausdrücken und zum Trocknen auf ein Tuch legen.

Die Spargelstangen schälen und in reichlich kochendem Wasser mit Salz, Zucker und 20 g Butter bissfest garen.

Die beiden Käsesorten mit den Eigelben und der Sahne zu einer Paste verrühren und herzhaft mit Pfeffer und Muskat abschmecken.

Eine große, längliche, feuerfeste Form mit etwas Butter ausstreichen und mit der Hälfte des Blattspinates auslegen. Ein Drittel der Käsecreme daraufstreichen und die gut abgetropften Spargelstangen darauf verteilen. Die Stangen, mit Ausnahme der Köpfe, ebenfalls mit einem Drittel der Käsemasse bestreichen und mit dem restlichen Spinat gleichmäßig bedecken.

Die restliche Käsemasse auf dem Spinat verteilen, mit der restlichen Butter in Flöckchen belegen. Im vorgeheizten Ofen bei 220 °C auf mittlerer Schiene ca. 10 Minuten überbacken. Dann den Grill zuschalten und auf der obersten Schiene noch 2–3 Minuten gratinieren.

Für 4 Personen

Pro Portion: 420 kcal

KRAUTSPÄTZLE

500 g Sauerkraut, 3 EL Schmalz, 500 g Mehl, 3 Eier, Salz, ca. $^{3}/_{8}$ l Wasser, 3 rote Zwiebeln

Das Sauerkraut leicht ausdrücken und in einer Pfanne mit 1 Esslöffel Schmalz sanft durchdünsten.

Mehl mit Eiern und Salz zu einem Teig verrühren und so viel Wasser zugeben, dass er glatt, aber nicht zu fest zum Schaben ist.

In einem großen Topf reichlich Salzwasser zum Kochen bringen. Den Teig entweder auf einem Brett flach streichen und in Streifen ins Kochwasser schaben oder durch ein Spätzlesieb ins Wasser pressen und so zu runden Knopfspätzle formen. Einige Male aufkochen lassen. Wenn die Spätzle nach oben kommen, mit einem Schaumlöffel herausschöpfen und in kaltem Wasser abschrecken.

In eine feuerfeste Form abwechselnd eine Lage Kraut und eine Lage Spätzle schichten. Bei 160 °C für ca. 20 Minuten in den Backofen schieben.

Zwiebeln schälen, halbieren und in Scheiben schneiden. Im restlichen Schmalz dünsten, bis sie lichtgelb sind. Vor dem Servieren die Zwiebeln mit dem Bratfett über den Krautspätzle verteilen.

Für 4 Personen

Pro Portion: 655 kcal

TIPP Auch mit fertig gekauften Spätzle lässt sich dieser leckere Auflauf zubereiten.

KÄSESOUFFLÉ

60 g Butter, 60 g Mehl, 1/2 l Milch, Salz, Pfeffer aus der Mühle, frisch geriebene Muskatnuss, 150 g frisch geriebener Gruyère, 6 Eier, getrennt, Butter und Semmelbrösel für die Form

Eine Souffléform von 2 l Inhalt oder 4 kleine Förmchen mit Butter einfetten und mit Semmelbrösel ausstreuen.
Die Butter zerlassen, das Mehl hinzufügen und hellgelb anrösten. Nach und nach unter ständigem Rühren mit einem Schneebesen die Milch hinzufügen und 1 Minute durchkochen lassen. Mit Salz, Pfeffer und Muskatnuss abschmecken.
Den Käse unter die Sauce rühren und den Topf vom Herd ziehen. Den Backofen auf 180 °C vorheizen.
Die Eigelbe nacheinander mit der Käsemasse verrühren, die Eiweiße steif schlagen und vorsichtig unter die Soufflémasse heben.
Die Soufflémasse löffelweise bis zu zwei Dritteln der Höhe in die Form geben. Mit einem Messer zwischen dem Teig und der Form entlangfahren, damit das Soufflé gut aufgeht.
Auf die mittlere Schiene des Backofens schieben. 15 Minuten bei 180 °C backen, dann auf 200 °C erhöhen und das Soufflé weitere 30 Minuten backen lassen. Sofort servieren.
Für 4 Personen
Pro Portion: 535 kcal

TIPP Da sich das Volumen eines Soufflés durch das steif geschlagene Eiweiß im Backofen ausdehnt, darf die Form nur zu zwei Drittel gefüllt werden. Während des Backens darf die Backofentür keinesfalls geöffnet werden, sonst fällt das Soufflé sofort zusammen.

GRATINIERTE KÄSESCHNITTEN

8 Scheiben Gruyère (1 cm dick), 8 Scheiben Weißbrot (1 cm dick), 2 Eier, 1/2 l Milch, Salz, Pfeffer aus der Mühle, frisch geriebene Muskatnuss, Butter für die Form

Eine Auflaufform mit Butter ausstreichen. Den Backofen auf 200 °C vorheizen. Die Käse- und Brotscheiben entrinden und abwechselnd dachziegelartig in die Form schichten. Der Käse soll etwas über die Brotscheiben hinausragen.
Die Eier, die Milch und die Gewürze verschlagen und über das Brot und den Käse gießen. 15 Minuten ruhen lassen, dann auf der mittleren Schiene im Backofen in 20 Minuten goldgelb überbacken.
Für 4 Personen
Pro Portion: 620 kcal

MANGOLDGRATIN

1,5 kg Stielmangold, 2 l Salzwasser, 1/8 l Milch, Fett für die Form, 3–4 Eiertomaten, 3 Schalotten, 3 Knoblauchzehen, 2 EL Olivenöl, 6 Sardellenfilets, 1/2 Bund Basilikum, 150 g Mozzarella, 50 g frisch geriebener Parmesan, 4 Scheiben geröstetes Stangenweißbrot, einige Butterstückchen

Den Stielmangold verlesen, gründlich waschen und samt Stielen in Streifen schneiden. Das Salzwasser mit Milch aufkochen. Den Mangold darin kurz überbrühen. Kalt abschrecken und gut abgetropft in eine gut gefettete feuerfeste Form geben. Die Tomaten in siedendem Wasser kurz überbrühen, kalt abschrecken und häuten. Halbieren, entkernen und das Fruchtfleisch in Würfel schneiden.

Die fein gehackten Schalotten und den Knoblauch im mittelheißen Öl glasig dünsten. Die Tomaten und die gut gespülten Sardellenfilets zufügen und kurz mitdünsten. Dann mit fein geschnittenem Basilikum über dem Mangold verteilen. Die Mozzarellawürfel daraufsetzen. Den geriebenen Käse und das fein zerbröselte Brot mischen und mit den Butterstückchen darüberstreuen. Das Gratin in der Mitte des vorgeheizten Backofens bei 200 °C ca. 20 Minuten überbacken.
Für 4 Personen
Pro Portion: 340 kcal

GRATINIERTER BROCCOLI

ca. 1 kg Broccoli, Salzwasser, 4 Knoblauchzehen, 2 EL Butter, 3–4 Eier, Salz, Pfeffer aus der Mühle, frisch geriebene Muskatnuss, etwas Mehl zum Überstäuben, 100 g frisch geriebener Parmesan, Fett für die Form

Den Broccoli putzen und in kleine Röschen teilen. Den Strunk schälen und in Scheiben schneiden. Im siedenden Salzwasser bissfest garen. Herausnehmen, kalt abschrecken und gut abtropfen lassen.
Den gepressten Knoblauch in der erhitzten Butter andünsten. Den Broccoli zufügen und kurz mitdünsten. Die Eier mit Salz, Pfeffer und Muskatnuss verquirlen. Den Broccoli mit Mehl überstäuben, zuerst im Ei und anschließend im geriebenen Käse wenden.
Den Broccoli in eine gut gefettete, feuerfeste Form geben, restliches verquirltes Ei darübergießen. Sofort auf der oberen Schiene im auf 240 °C vorgeheizten Backofen 5–7 Minuten überbacken.
Für 4 Personen
Pro Portion: 320 kcal

ZUCCHINI-KÄSE-SOUFFLÉ

500 g Zucchini, 4 Eier (getrennt), 100 g frisch geriebener Parmesan, 1 nussgroßes Stück Butter, Thymian, Salz

***Sauce:** 30 g Butter, 40 g Mehl, etwa 1/4 l Milch, Kräutersalz, Pfeffer aus der Mühle*

Die Zucchini waschen, die Blüten- und Stielansätze entfernen und grob raspeln. Die Zucchini in eine Kasserolle geben und bei mittlerer Hitze so lange leicht dünsten, bis alle Flüssigkeit verdunstet ist. Herausnehmen und in einem Sieb abtropfen lassen.

Für die Sauce die Butter in eine kleine Kasserolle geben und langsam erhitzen (nicht braun werden lassen). Das Mehl hineinstreuen und leicht anschwitzen. Danach die Milch zugießen und mit einem Schneebesen unterrühren. Unter Rühren zum Kochen bringen. Nach 3–5 Minuten vom Herd nehmen, mit Kräutersalz und Pfeffer würzen und etwas abkühlen lassen. Den Backofen auf 200 °C vorheizen.

Eine Auflaufform mit einem Stückchen Butter in den vorgeheizten Backofen geben. Eigelb, Parmesan und Thymian in die etwas abgekühlte weiße Sauce geben, gut verrühren, anschließend die Zucchini hinzufügen und alle Zutaten gut vermischen.

Das Eiweiß mit einer Prise Salz steif schlagen und vorsichtig unter die Zucchinimasse heben.

Die Auflaufform mit der inzwischen zerlassenen Butter aus dem Backofen nehmen und mit der Zucchinimasse füllen. Das Soufflé etwa 15–20 Minuten im Backofen goldgelb backen. Wenn Sie eine Glasform verwenden, können Sie die gefettete Form mit dünn geschnittenen Zucchinistreifen auslegen. Danach die Masse einfüllen.

Für 4 Personen
Pro Portion: 330 kcal

TIPP Nachfolgendes Rezept gilt als Grundrezept und lässt sich je nach Jahreszeit mit anderen Gemüsesorten und -kombinationen variieren. Mit den passenden Kräutern können Sie die Gemüsemasse noch verfeinern, z. B. Fenchelkraut bei Fenchelsoufflé, Möh-renkraut bei Möhrensoufflé.

GEMÜSESOUFFLÉS

250 g gegartes Gemüse, z. B. Möhren, Sellerie, Erbsen oder Fenchel, 100 g Crème fraîche, 3 Eier, getrennt, Salz, weißer Pfeffer aus der Mühle, Butter und Semmelbrösel für die Förmchen

Den Backofen auf 200 °C vorheizen. Einen großen, flachen Topf, etwa zweifingerbreit mit Wasser gefüllt, auf die mittlere Schiene des Backofens stellen.

Das gegarte Gemüse mit der Crème fraîche und den Eigelben pürieren, durch ein Sieb streichen und mit Salz und Pfeffer würzen. Die Eiweiße zu steifem Schnee schlagen und locker unter die Gemüsemasse ziehen.

Vier Souffléförmchen von 1/4 l Inhalt mit Butter ausfetten und mit Semmelbröseln ausstreuen. Die Gemüsemasse einfüllen, die Förmchen dürfen nur drei Viertel gefüllt sein. Im Wasserbad im Backofen in etwa 25 Minuten stocken lassen.

Für 4 Personen

Pro Portion: 200 kcal

SPINAT-MÖHREN-SOUFFLÉ

250 g Spinat oder Blattmangold, 200 g Möhren, Salzwasser, 30 g Butter, 30 g Mehl, 1/8 l Milch, 125 g Sahne, 4 Eigelb, Salz, Pfeffer aus der Mühle, 1 TL Currypulver, wenig Paprika und frisch geriebene Muskatnuss, Fett für die Form, 1–2 EL Semmelbrösel, 4–5 Eiweiß, 1 Msp. Backpulver

Den Spinat oder Mangold verlesen, grobe Stiele entfernen und gründlich waschen. Die tropfnassen Blätter in einem Topf bei mittlerer Hitze zugedeckt zusammenfallen und anschließend in einem Sieb abtropfen lassen.

Die Möhren schaben und in dünne Scheiben hobeln. In siedendem Salzwasser kurz überbrühen. Kalt abschrecken und ebenfalls abtropfen lassen.

Die Butter schmelzen und das Mehl darin anschwitzen. Die Milch und die Sahne unter Rühren dazugießen und die Sauce aufkochen. Bei geringer Hitze ca. 5 Minuten leise köcheln lassen. Den Backofen auf 180 °C vorheizen.

Den Spinat gut auspressen, dann fein hacken. Mit den Möhrenscheiben und dem Eigelb unter die leicht ausgekühlte Sauce mischen und mit Salz, Pfeffer, Curry, Paprika und Muskatnuss kräftig abschmecken.

Den Boden einer Souffléform (ca. 2 l Inhalt) einfetten und mit Bröseln ausstreuen. Die Eiweiße mit Backpulver und 1 Prise Salz steif schlagen. Sorgfältig unter die Gemüsemasse heben. Diese sofort in die vorbereitete Form füllen und das Soufflé auf der untersten Schiene des Backofens 40–50 Minuten backen. Sofort servieren.

Für 4 Personen

Pro Portion: 360 kcal

BLUMENKOHLTERRINE

500 g grüne Blumenkohlröschen, Salzwasser, 6 Stangen Lauch, 1 EL Zitronensaft, Salz, Pfeffer, frisch geriebene Muskatnuss, 10–12 Blatt Gelatine, knapp 200 g Sahne, Butter für die Form

***Vinaigrette:** 1 EL Dijonsenf, 1 TL Tomatenmark, 1 fein gehackte Schalotte, 3–4 EL Weißweinessig, 3–4 EL Maiskeimöl, 2–3 EL Gemüsekochwasser, 2 TL Schnittlauchröllchen*

Die Blumenkohlröschen in wenig Salzwasser weich dämpfen. Den Lauch putzen, die äußeren Blätter entfernen. Auf ca. 25 Zentimeter Länge zurückschneiden. Lauch in siedendem Salzwasser 10–15 Minuten knapp weich kochen. Herausnehmen, abschrecken und abtropfen lassen. Etwas Gemüsekochwasser für die Vinaigrette beiseite stellen. Den Blumenkohl mit dem Mixer pürieren. Mit Zitronensaft, Salz, Pfeffer und Muskatnuss abschmecken. Die Gelatine in kaltem Wasser quellen lassen. Die Sahne in einem Topf langsam aufkochen. Den Topf von der heißen Kochstelle ziehen. Gut ausgepresste Gelatine darin auflösen. Dann unter das Blumenkohlpüree rühren. Eine beschichtete Kastenform von 25 cm Länge einfetten. Die Hälfte des Gemüsepürees hineingeben und glatt streichen. Die Lauchstangen längs halbieren und auf dem Püree verteilen, salzen und pfeffern. Mit einer dünnen Schicht Püree bedecken. Im Kühlschrank fest werden lassen. Dann das restliche Püree einfüllen. Die Form zugedeckt über Nacht in den Kühlschrank stellen.
Vor dem Servieren alle Zutaten für die Vinaigrette verrühren. Die Terrine stürzen. Mit einem scharfen Messer (vorher in heißes Wasser tauchen) in Scheiben schneiden. Mit der Sauce servieren.
Für 4–6 Personen
Pro Portion bei 6 Personen: 200 kcal

PIZZA, QUICHE, FRITTATA & CO

ZWIEBELPIZZA

Pizzateig: *20 g Hefe, knapp 1/4 l lauwarmes Wasser, 500 g Mehl, 1/2 TL Salz*

Belag: *3 große Gemüsezwiebeln, 4 große Fleischtomaten, 12 eingelegte Sardellenfilets, 12 schwarze Oliven, 4 Knoblauchzehen, 200 g Mozzarella, 2 EL Olivenöl, Pfeffer aus der Mühle, 2 TL Oregano, Olivenöl zum Bestreichen des Backblechs*

Für den Teig das Mehl in einer Schüssel mit dem Salz vermischen. In die Mitte eine Vertiefung drücken. Die Hefe hineinbröckeln und mit der Hälfte des Wassers und etwas Mehl zu einem Vorteig verrühren. Zugedeckt an einem warmen Ort 15 Minuten aufgehen lassen.
Mit dem restlichen Wasser zu einem glatten Teig verarbeiten und so lange schlagen, bis er sich vom Schüsselboden löst. Zugedeckt 1 Stunde an einem warmen Ort aufgehen lassen.
Für den Belag die Gemüsezwiebeln schälen, in dünne Scheiben schneiden und anschließend in Ringe teilen. Die Fleischtomaten am Stielansatz kreuzförmig einschneiden, etwa 3 Minuten in kochendes Wasser geben und häuten. Die Fleischtomaten in kleine Würfel schneiden, in eine Schüssel geben und das Fruchtfleisch zusammen mit den Kernen im Mixer pürieren. Die eingelegten Sardellenfilets der Länge nach halbieren. Die Oliven, wenn nötig, entsteinen.
Die Knoblauchzehen schälen, durch die Knoblauchpresse drücken und unter die Tomaten mischen. Den Mozzarella abtropfen lassen und in etwa 1/2 cm dicke Scheiben schneiden. Den Hefeteig vierteln, die Teigstücke mit den Händen flach klopfen und zu runden Fladen formen.
Zwei Backbleche mit Olivenöl bestreichen, mit jeweils 2 Fladen belegen und diese mit einem Nudelholz etwas ausrollen; die Fladen dür-

fen nicht zu dick sein. Den Backofen auf 220 °C vorheizen. Die Pizzafladen mit etwas Olivenöl bestreichen und das Tomatenpüree gleichmäßig darauf verteilen. Mit Zwiebelringen, Sardellenfilets und schwarzen Oliven belegen, mit Pfeffer und Oregano würzen und zum Schluss mit Mozzarellascheiben bedecken. Die Pizza auf der mittleren Schiene etwa 20 Minuten backen.

Für 4 Personen
Pro Portion: 670 kcal

KRÄUTERPIZZA MIT MOZZARELLA

Pizzateig: *250 g Magerquark, Salz, 5 EL Olivenöl, 2 Eier, 500 g Mehl, Fett für das Blech*

Belag: *je 2 Bund Schnittlauch, Petersilie, Basilikum, 200 g Crème fraîche, 1 Ei, Pfeffer aus der Mühle, 300 g Mozzarella*

Für den Teig den Magerquark mit einer großen Prise Salz, Olivenöl und den Eiern in einer Schüssel zu einer geschmeidigen Masse verarbeiten. Das Mehl unterarbeiten, bis sich alle Zutaten zu einem elastischen Teig verbunden haben. Den Backofen auf 220 °C vorheizen. Ein Backblech einfetten und den Teig darauf ausrollen, die Ränder hochziehen und den Boden mehrmals mit einer Gabel einstechen. Die Kräuter fein hacken und mit der Crème fraîche und dem Ei mischen. Mit Salz und Pfeffer würzen und auf dem Teig verteilen. Den Mozzarella in 1 cm dicke Scheiben, dann in Würfel schneiden und darüberstreuen. Die Pizza auf der untersten Schiene 15 Minuten backen. Gleich frisch servieren.

Für 4 Personen
Pro Portion: 935 kcal

ZUCCHINIQUICHE

Mürbeteig: *300 g Mehl, 200 g kalte Butter, 1 Prise Salz, 1 Ei*

Füllung: *250 g Schalotten, 750 g junge, feste Zucchini, 2 EL Öl, 250 g saure Sahne, 2 Eier, 150 g geriebener Emmentaler, 1 Msp. frisch geriebene Muskatnuss, Salz, Pfeffer aus der Mühle*

Für den Mürbeteig das Mehl auf eine Arbeitsplatte sieben und in der Mitte eine Mulde formen. Die kalte Butter in kleinen Stückchen in die Mulde geben, das Salz und das Ei hinzufügen. Die Zutaten mit einem großen Küchenmesser durchhacken, bis alles fein krümelig ist. Dann mit den Händen rasch zu einem festen Teig kneten und zu einer Kugel formen. In Klarsichtfolie wickeln und im Kühlschrank 1–2 Stunden ruhen lassen.

In der Zwischenzeit die Schalotten schälen und in nicht zu dünne Ringe schneiden. Die Zucchini waschen, Blüten- und Stielansätze entfernen und das Gemüse in ebenfalls nicht zu dünne Scheiben schneiden.

Das Öl in einer Pfanne erhitzen, die Schalotten und die Zucchini unter ständigem Rühren leicht anbraten. Das Gemüse auf mehrere Lagen Küchenkrepp geben, damit das überschüssige Öl aufgesaugt wird. Abkühlen lassen.

Die Sahne mit den Eiern und dem geriebenen Emmentaler verrühren, mit Salz, frisch geriebener Muskatnuss und frisch gemahlenem Pfeffer abschmecken. Den Backofen auf 200 °C vorheizen.

Den Mürbeteig ca. 3 Millimeter dick ausrollen und eine gefettete Spring- oder Quicheform von 30 cm Durchmesser damit auslegen, dabei den Teig etwa 2 cm hochziehen und mit den Daumen fest an den Rand der Form drücken. Den Teigboden mehrmals mit einer Gabel einstechen.

Die Zucchini auf dem Teigboden gleichmäßig verteilen und die Ei-Käse-Masse darübergeben. Die Quiche auf der mittleren Schiene in den auf 220 °C vorgeheizten Backofen geben und etwa 45 Minuten backen. Die Quiche in Tortenstücke teilen und heiß servieren.

Für 4 Personen
Pro Portion: 760 kcal

BROCCOLIFRITTATA

ca. 150 g Broccoli, 1 kleine Möhre, Salzwasser, 2 El Olivenöl, 50 g Butter, Pfeffer aus der Mühle, frisch geriebene Muskatnuss, 1 Knoblauchzehe, 6–8 Eier, 2 EL geriebener Käse (z. B. Parmesan, Pecorino oder Emmentaler)

Den Broccoli in sehr kleine Röschen teilen. Die Möhren schälen, in Stifte schneiden. Beide Gemüse in siedendem Salzwasser kurz überbrühen. Herausnehmen, kalt abschrecken und gut abtropfen lassen. Das Öl und die Butter in einer beschichteten Pfanne erhitzen. Das Gemüse darin andünsten, mit wenig Salz, Pfeffer, Muskatnuss und gepresstem Knoblauch würzen. Die Eier verquirlen und über das Gemüse gießen. Bei mittlerer Hitze stocken lassen. Sobald die Frittata unten goldgelb gebräunt ist, mit Hilfe eines Deckels oder eines Tellers wenden. Auf der anderen Seite nur noch leicht braten. Geriebenen Käse darüberstreuen.

Für 4 Personen
Pro Portion: 330 kcal

TIPP Noch pikanter wird die Frittata, wenn Sie 3 fein gehackte Sardellen und 1 Schalotte mit dem Gemüse andünsten.

ZWIEBELKUCHEN

Hefeteig: *250 g Mehl, 15 g Hefe, 1/8 l lauwarme Milch, je 1 Prise Zucker und Salz, 50 g Butter*

Belag: *1 kg Schalotten, 1 EL Butter, 2 EL Sonnenblumenöl, 125 g saure Sahne, 3 Eier, 1 EL Kümmel, Salz, Pfeffer aus der Mühle*

Das Mehl in eine hohe Schüssel geben und in der Mitte eine kleine Mulde formen. Die Hefe zerbröckeln und mit etwas Milch, einer Prise Zucker und Salz in die Mulde geben und mit etwa 3 Esslöffel Mehl zu einem Vorteig vermischen. Den Teig zugedeckt an einem warmen Ort 15 Minuten gehen lassen.

In der Zwischenzeit die Butter auf kleinster Flamme zerlassen. Den Vorteig mit dem restlichen Mehl und der übrigen Milch etwas vermengen und zum Schluss die zerlassene Butter hinzugeben. Den Teig so lange durchkneten, bis er sich leicht von der Schüssel löst.

Ein Backblech gut einfetten, den Teig darauf etwa 1/2 cm dick ausrollen, mit einer Gabel einige Male einstechen und am Rand etwas hochdrücken. Mit einem Tuch bedeckt 45 Minuten gehen lassen.

Für den Belag die Schalotten schälen und in dünne Scheiben schneiden. Die Butter bei schwacher Hitze in einer Pfanne zerlassen, das Sonnenblumenöl zufügen und die Schalottenscheiben bei schwacher Hitze zugedeckt 10 Minuten dünsten, nicht bräunen. Anschließend abkühlen lassen. Den Backofen auf 200 °C vorheizen.

Die Sahne mit den Eiern verquirlen, mit Kümmel, Salz und Pfeffer würzen. Die Schalottenscheiben auf dem Teig verteilen, die Sahne-Eier-Masse darübergießen. Den Zwiebelkuchen auf der mittleren Schiene in den Backofen geben und 40–50 Minuten backen.

Für 4 Personen

Pro Portion: 570 kcal

SPINAT-KNOBLAUCH-TORTE

Teig: *300 g Vollkornweizenmehl, 80 g Butter, Salz, Butter für die Form, 1 Eigelb zum Bestreichen*

Füllung: *500 g Spinat, Salz, 3 fein gehackte Schalotten, 5 fein gehackte Knoblauchzehen, 1 EL gehackte Petersilie, 60 g Butter, 2 Tassen Milch (ca. 0,2 l), Pfeffer aus der Mühle, 50 g frisch geriebener Gouda, 100 g Quark,100 g Crème fraîche, 2 Eier, getrennt*

Für den Teig 275 g Mehl mit der weichen Butter, Salz und etwas Wasser zu einem geschmeidigen Teig verkneten. In Klarsichtfolie einwickeln und 30 Minuten kühl stellen. Den Spinat verlesen, waschen, aber nicht abtropfen lassen. Mit etwas Salz in einen Topf geben, erhitzen und zusammenfallen lassen. Gut abtropfen lassen. Schalotten, Knoblauch und Petersilie in 30 g Butter anbraten. Den Spinat zufügen. Die restliche Butter erhitzen, das restliche Mehl darin anschwitzen, die Milch unter Rühren angießen. Die Sauce 7 Minuten kochen lassen, mit Salz und Pfeffer würzen. Etwas abkühlen lassen. Den Spinat mit dem geriebenen Käse in die Sauce rühren. Den Quark und die Crème fraîche zufügen. Das Eigelb unterrühren, das Eiweiß zu steifem Schnee schlagen, unterheben. Nochmals mit Pfeffer und Salz abschmecken. Den Backofen auf 200 °C vorheizen. 2/3 des Teigs ausrollen und auf eine gefettete Springform mit ca. 24 cm Durchmesser legen. Den Rand hochdrücken und den Teig mehrmals mit einer Gabel einstechen. Die Spinatmasse darauf verstreichen. Den restlichen Teig ausrollen, in Streifen schneiden, die gitterförmig über die Torte gelegt werden. Mit dem Eigelb bestreichen und auf die untere Schiene des Backofens geben. 45 Minuten backen.

Für 4 Personen
Pro Portion: 750 kcal

KARTOFFEL-MÖHREN-KUCHEN

Teig: *800 g Kartoffeln, 200 g Möhren, 2 EL Sahne, 3 EL Speisestärke, 2 Eier, 2 Eigelb, 100 g geriebener Käse (z. B. Emmentaler oder Greyerzer), Salz, Pfeffer aus der Mühle, Oregano, Thymian, Fett für das Backblech*

Belag: *700 g Tomaten, 150 g Mozzarella, Oregano, 2 EL Pinienkerne*

Die Möhren und die Kartoffeln schälen, waschen, auf einer Gemüsereibe mittelfein raspeln. Sahne, Speisestärke, Eier, Eigelb und Käse gut miteinander verrühren, die Möhren und die Kartoffeln daruntermischen. Die Masse würzen.
Den Teig auf ein gefettetes Backblech streichen und im vorgeheizten Backofen auf der mittleren Schiene 45 Minuten bei 220 °C backen.
Für den Belag die Tomaten überbrühen, häuten, entkernen und grob hacken. Auf dem Teig verteilen, den Mozzarella klein würfeln und darüberstreuen. Würzen und mit Pinienkernen bestreuen. Weitere 20–30 Minuten backen.
Für 4 Personen
Pro Portion: 840 kcal

TIPP Verwenden Sie für den Teig eine mehlig kochende Kartoffelsorte. Zur Abwechslung auch mal gehackten Knoblauch unter die Tomaten mischen.

TOMATENWÄHE

250 g Mehl, 100 g kalte Margarine, 1 Ei, 50 g gesalzene, ohne Fett geröstete Erdnüsse (gehackt), 700 g vollreife Eiertomaten, 1 mittelgroße Zwiebel, 20 g Butter, Fett für die Form, 2 TL getrocknete Kräuter der Provence, 3 Eier, 200 g saure Sahne, 100 g Crème double, Pfeffer aus der Mühle

Das Mehl in eine Schüssel geben. Das kalte Fett in Stückchen darauf verteilen, das Ei in die Mitte geben und die Erdnüsse darüber streuen. Alles rasch zu einem festen Teig verkneten. In Klarsichtfolie einwickeln und 60 Minuten kühl stellen.

Die Tomaten überbrühen, kalt abschrecken und häuten. Die Stielansätze entfernen und die Früchte in gleichmäßig dicke Scheiben schneiden. Die Zwiebel abziehen und in Ringe teilen. Den Backofen auf 175 °C vorheizen. Die Butter erhitzen und die Zwiebelringe darin anbraten. Vom Herd nehmen.

Eine flache, runde, feuerfeste Form ausfetten. Den Boden und den Rand mit dem Teig auslegen, den Boden mehrfach mit einer Gabel einstechen, in den vorgeheizten Backofen auf die mittlere Schiene geben und 10 Minuten vorbacken.

Die Zwiebelringe auf den Teigboden verteilen. Die Tomatenscheiben daraufgeben und mit den Kräutern bestreuen. Die Eier mit saurer Sahne und Crème double verquirlen, mit etwas Pfeffer würzen und über die Tomaten ziehen. In den Ofen schieben und bei 200 °C 40–45 Minuten backen.

Für 4 Personen

Pro Portion: 935 kcal

TIPP Die Tomatenwähe ist ein idealer Party-Snack. Sie eignet sich als Vorspeise ebenso wie als Hauptgericht.

KÄSEOMELETT MIT SPINATFÜLLUNG

300 g junger Blattspinat, 1 Knoblauchzehe, 1 mittelgroße Zwiebel, 10 g Butter, Salz, Pfeffer aus der Mühle, frisch geriebene Muskatnuss, 4 Eier, 1 EL Wasser, 2 EL frisch geriebener Parmesan, 2 TL Öl

Die Spinatblätter sorgfältig verlesen, waschen und auf einem Durchschlag abtropfen lassen. Den Knoblauch und die Zwiebel schälen und fein hacken.
Die Butter erhitzen und die Zwiebel- und Knoblauchwürfel darin anschwitzen. Den Blattspinat dazugeben, mit Salz, Pfeffer und Muskatnuss würzen und zugedeckt bei mittlerer Hitze dünsten lassen.
Währenddessen die Eier, das Wasser, den Käse, das Salz und den Pfeffer mit einer Gabel verquirlen.
In zwei beschichteten Pfannen je einen Teelöffel Öl erhitzen und die Eimasse hineingießen. Bei mittlerer Hitze stocken lassen.
Die Omeletts auf vorgewärmte Teller gleiten lassen, mit der Hälfte des Spinats belegen und zusammenklappen. Dazu passen Salzkartoffeln.
Für 2 Personen
Pro Portion: 325 kcal

TIPP Anstelle des Spinats können Sie auch klein gehackte Mangoldblätter oder Sauerampfer als Füllung verwenden.

TORTILLA MIT SPARGEL

500 g dünner grüner Spargel, 1 große, mehlig kochende Kartoffel (150 g), 1 Möhre, 2 EL Butter, 2 EL Pflanzenöl, 100 g zarte tiefgekühlte Erbsen, Salz, Pfeffer aus der Mühle, 8 Eier

Den Spargel waschen und die Kopfenden bis zum holzigen Ansatz in 1 cm dicke Scheiben schneiden. Die Kartoffel schälen, die Möhre putzen, beides in sehr feine Scheiben schneiden.

In einer großen, beschichteten Pfanne 1 Esslöffel Butter und 1 Esslöffel Öl erhitzen. Die Kartoffel- und Möhrenscheiben unter ständigem Wenden mit einem Holzlöffel 10 Minuten darin anbraten, ohne Farbe anzunehmen. Die restliche Butter, die Spargelstücke und die Erbsen hinzugeben. Weitere 10 Minuten unter Rühren durchbraten. Mit Salz und Pfeffer würzen. Das Gemüse soll noch einen festen Biss haben.

Die Eier mit etwas Salz in einer Schüssel gründlich verquirlen. Über das Gemüse gießen und die Eimasse ständig umrühren, bis sie zu stocken beginnt. Dann die Tortilla unter gelegentlichem Schütteln der Pfanne bei leichter Hitze zugedeckt von der Unterseite goldgelb backen. Es soll keine flüssige Eimasse mehr vorhanden sein, wenn die Tortilla gewendet wird. Auf einen großen Teller gleiten lassen und wenden.

Das restliche Öl in die Pfanne geben und die Tortilla von der zweiten Seite goldgelb backen. Dann in Stücke teilen und anrichten. Grünen Salat dazu servieren.

Für 4 Personen

Pro Portion: 305 kcal

ZUCCHINICRÊPES

4–6 kleine, junge Zucchini, Butter zum Ausbacken, 1 Schalotte, frisch geriebene Muskatnuss, Pfeffer aus der Mühle, Salz

***Crêpeteig:** 2 EL Butter, 4 Eier, 1/8 l Milch, 100 g Mehl, 1 Prise Oregano, Salz*

***Joghurtsauce:** 1 Becher Naturjoghurt, Saft von 1/2 Zitrone, 1 TL Öl, Salz, Pfeffer aus der Mühle, 2 EL fein gehackte frische Kräuter*

Zuerst den Crêpeteig zubereiten. Dafür Butter bei schwacher Hitze zerlassen, sie darf nicht braun werden. Alle weiteren Zutaten zu einem flüssigen Teig vermengen, zum Schluss die zerlassene Butter unterrühren und den Teig 45 Minuten ruhen lassen.

Die Zucchini waschen, Blüten- und Stielansätze entfernen und die Zucchini grob raffeln. In ein Sieb geben und gut abtropfen lassen. In der Zwischenzeit die Joghurtsauce zubereiten: den Joghurt, den Zitronensaft und das Öl mischen, mit Salz und Pfeffer abschmecken und zum Schluss die Kräuter unterrühren.

Den Backofen auf 50 °C erhitzen und eine ausreichend große Platte für die Crêpes darin erwärmen.

Die Butter in einer Pfanne erhitzen und aus dem Teig nacheinander 6 dünne Crêpes ausbacken. Im Backofen warm halten.

Die Schalotte schälen und fein hacken. Etwas Butter in einer Pfanne erhitzen und die Zucchini mit der Schalotte leicht andünsten, mit Muskatnuss, Pfeffer und Salz würzen. Die Crêpes mit den Zucchini und der Joghurtsauce füllen, zusammenklappen und servieren. Die restliche Joghurtsauce dazu reichen.

Ergibt 6 Crêpes

Pro Portion: 340 kcal

PFANNKUCHEN MIT CHINAGEMÜSE

Teig: *300 g feines Weizenvollkornmehl, frisch gemahlen, 4 Eier, 1/2 l Milch, Salz, Pfeffer aus der Mühle, Margarine zum Braten*

Füllung: *je 100 g Möhren, Sellerieknolle, Porree, Chinakohl, Gemüsezwiebel, Shiitakepilze (geputzt), 100 g Sojabohnenkeimlinge, 4 EL Sesamöl, 2 Knoblauchzehen, zerdrückt, 50 g Ingwerwurzel, frisch geriebene, 1 TL Honig, 1 Msp. Sambal Oelek, Salz, Pfeffer aus der Mühle, 0,1 l Sojasauce, weißer Portwein oder Reiswein (Sake), 4 cl Sherryessig*

Das Mehl, die Eier und die Milch verrühren und mit Salz und Pfeffer würzen. 30 Minuten quellen lassen.
Alle Gemüse in feine Streifen schneiden und mit den Keimlingen mischen.
Das Öl in einem Wok erhitzen und das Gemüse darin bei mittlerer Hitze unter Rühren anschwitzen. Alle weiteren Zutaten zugeben und 3–4 Minuten unter Rühren kochen lassen. Inzwischen in einer Pfanne die Margarine erhitzen und aus dem Teig nacheinander 4 dünne Pfannkuchen backen. Die Pfannkuchen mit dem Gemüse füllen, zur Hälfte zusammenklappen und servieren.
Für 4 Personen
Pro Portion: 605 kcal

TIPP Für die Füllung können Sie das Gemüse variieren: Champignons, Frühlingszwiebeln und Staudensellerie passen prima.

RÜHREI AUF BASKISCHE ART

je 1 große grüne und rote Paprikaschote, 3 EL Olivenöl, 1 Stück scharfe Pfefferschote, 1 große Zwiebel, 1 Knoblauchzehe, 4 Tomaten, 1 Zweig Thymian, 1 Lorbeerblatt, Salz, 8 Eier, 2 Stängel Petersilie, gehackt

Die Paprikaschoten unter dem Grill oder im Backofen bei 250°C unter Wenden backen, bis die Haut braun wird und Blasen wirft. Dann herausnehmen, mit einem feuchten Tuch bedecken und etwas abkühlen lassen. Die Haut abziehen, die Schoten vierteln, entkernen und in Streifen schneiden.

Das Öl in einer Pfanne erhitzen und die Paprikastreifen mit der Pfefferschote darin andünsten. Zwiebel und die Knoblauchzehe schälen, fein hacken und hinzufügen. Die Tomaten blanchieren, häuten, entkernen und in Würfel schneiden. Zu dem Gemüse geben. Thymian und Lorbeer hinzufügen, salzen. Alles noch 5 Minuten schmoren lassen. Dann die Pfefferschote herausfischen.

Die Eier mit etwas Salz und der gehackten Petersilie mit dem Schneebesen leicht schlagen, bis sich ein ganz feiner Schaum gebildet hat. Über das Gemüse gießen. Mit einem Holzlöffel vorsichtig umrühren, bis die Eimasse zu erstarren beginnt. Sie soll noch cremig sein. Sofort vom Herd nehmen und auftragen.

Für 4 Personen

Pro Portion: 270 kcal

TIPP Bereiten Sie gleich mehr Paprikaschoten zu, legen Sie die übrigen in eine Schüssel, streuen Sie feine Knoblauchscheibchen darüber, und begießen Sie die Schoten mit Olivenöl. Marinieren lassen, dann genießen!

RÜHREI MIT AUSTERNPILZEN

250 g Austernpilze, 1 Zwiebel, 1 Knoblauchzehe, je 1 rote und grüne Paprikaschote, 40 g Butter, 6 Eier, 125 g Sahne, 1/2 TL edelsüßes Paprikapulver, Salz

Die Austernpilze putzen, falls nötig, kurz unter fließendem Wasser waschen oder mit Küchenpapier sorgfältig abwischen. Die Pilze in kleine Stücke schneiden. Die Zwiebel und die Knoblauchzehe schälen und fein hacken. Die Paprikaschoten waschen, halbieren, Stängelansätze, Kerne und Scheidewände ausschneiden. Die Hälften in Streifen schneiden.

Die Butter in einer Pfanne erhitzen, die Zwiebel und den Knoblauch darin anbraten. Die Pilzstücke und die Paprikastreifen hineingeben und so lange braten, bis die austretende Pilzflüssigkeit völlig eingekocht ist.

Die Eier in einer Schüssel mit der Sahne verquirlen, mit Paprika und Salz würzen. Über Pilze und Paprika in die Pfanne gießen und so lange braten, bis die Masse gestockt ist.

Für 4 Personen

Pro Portion: 345 kcal

TIPP Dazu Tomaten- und Kressesalat sowie getoastetes Bauernbrot servieren.

GEMÜSE – GEFÜLLT, GEBRATEN, FRITTIERT

TOMATEN MIT REISFÜLLUNG

8 feste Fleischtomaten, Salz, 8 EL Reis, 4 EL Olivenöl, 1 Knoblauchzehe, 3 Sardellen, einige Stängel Petersilie, einige Blätter Minze, Pfeffer aus der Mühle, 3 EL Olivenöl für die Form und zum Bestreichen

Die Tomaten waschen, einen Deckel abschneiden und die Tomaten vorsichtig mit einem Teelöffel aushöhlen. Innen leicht salzen. Den Reis in leicht gesalzenem Wasser 10–15 Minuten kochen, auf ein Sieb geben und gut abtropfen lassen.

Das ausgehöhlte Tomatenmark durch ein Sieb streichen und mit Reis und Olivenöl vermischen. Die geschälte Knoblauchzehe, die Sardellen und die Petersilie fein hacken, die Minze in feine Streifen schneiden. Zusammen mit Salz und Pfeffer unter den Reis mischen. Den Backofen auf 200 °C vorheizen.

Den Reis in die Tomaten füllen und die abgeschnittenen Tomatendeckel auf die Früchte setzen.

Eine feuerfeste Form mit 1 Esslöffel Öl auspinseln und die Tomaten hineinsetzen. Die Tomaten mit dem restlichen Öl bestreichen. Im Backofen auf der mittleren Schiene in ca. 40 Minuten gar backen.

Für 4 Personen

Pro Portion: 395 kcal

TIPP Anstelle von Minze können Sie auch frisches Basilikum verwenden. Die Tomaten schmecken auch kalt als Vorspeise mit Weißbrot.

ZUCCHINI MIT TOMATENFÜLLUNG

4 kleine Zucchini, 250 g Zwiebeln, 250 g geschälte Tomaten, 3 geschälte Knoblauchzehen, 1 TL gehackter Rosmarin, 1 TL gehackter Thymian, 1 Lorbeerblatt, 2 El Olivenöl, Salz, Pfeffer aus der Mühle, 50 g schwarze Oliven (entsteint), 1 Ei, 6 EL Sahne, Butter für die Form

Die Zucchini waschen, der Länge nach halbieren und mit einem Teelöffel aushöhlen.
Die Zwiebeln und das Zucchinifleisch in feine Scheiben, die geschälten Tomaten in Würfel schneiden. Mit den klein gehackten Knoblauchzehen, dem Rosmarin, dem Thymian und dem Lorbeerblatt 20 Minuten im Olivenöl dünsten. Würzen und erkalten lassen.
In der Zwischenzeit die Oliven hacken. Das Ei und die Sahne verquirlen und mit den gehackten Oliven unter die Masse mischen. Die Zucchini damit füllen und in einer eingefetteten Auflaufform bei 180 °C auf der mittleren Schiene etwa 30 Minuten backen.
Für 4 Personen
Pro Portion: 275 kcal

TIPP Reichen Sie zu den gefüllten Zucchini Bauernbrot oder toskanisches Weißbrot. Als Getränk passt prima ein Glas Rotwein.

TOMATEN MIT MASCARPONE-SOUFFLÉ-FÜLLUNG

4 vollreife, große Fleischtomaten, Fett für die Form

Soufflè-Füllung: *1 Bund Basilikum, 2 feste Tomaten, 200 g Mascarpone (ital. Frischkäse), 3 Eier, getrennt, Salz, Pfeffer aus der Mühle*

Die Tomaten waschen, einen Deckel abschneiden und mit einem Teelöffel vorsichtig das Fruchtfleisch herauslösen. Die ausgehöhlten Tomaten nebeneinander in eine gefettete Auflaufform stellen. Den Backofen auf 200 °C vorheizen. Für die Füllung das Basilikum waschen, trockentupfen und fein hacken. Die Tomaten blanchieren, häuten und ohne Stängelansätze und Kerne in kleine Würfel schneiden.
Den Mascarpone mit den Eigelben zu einer glatten Creme rühren. Das Basilikum und die Tomatenwürfel hinzufügen, abschmecken und zum Schluss die steif geschlagenen Eiweiße unterheben.
Die Mascarponemasse in die Tomaten füllen. Auf der mittleren Schiene des Backofens 15–20 Minuten goldbraun backen.
Für 4 Personen
Pro Portion: 265 kcal

GEBACKENE KARTOFFELN MIT PILZRAGOUT

4 große, mehlig kochende Kartoffeln, 200 g Champignons, 1 Schalotte, 40 g Butter oder Margarine, 150 g Crème fraîche, Salz, Pfeffer aus der Mühle, 150 g frische Mungobohnensprossen

Die Kartoffeln gründlich waschen und ungeschält in Alufolie einpacken. Im Backofen bei 200 °C in etwa 1 Stunde gar backen. Inzwischen die Champignons putzen und in kleine Stücke, die Schalotte schälen und in kleine Würfel schneiden. Beides im erhitzten Fett bei mittlerer Hitze anschwitzen. Die Crème fraîche dazugeben, mit Salz und Pfeffer würzen und einmal aufkochen lassen. Die Sprossen hinzufügen und in der Pilzsauce kurz erwärmen. Die Kartoffeln aus dem Ofen nehmen, aus der Folie wickeln und einen Deckel abschneiden. Die Kartoffeln ein wenig aushöhlen und mit dem Ragout füllen.

Für 4 Personen
Pro Portion: 345 kcal

CHAMPIGNONS MIT SPINATFÜLLUNG

24 sehr große, frische Champignons, 100 g Champignons,
100 g junger Spinat, 1 Bund Petersilie, 2 fein gehackte Schalotten,
1 EL Butter, 1 TL Oregano, Salz, Pfeffer aus der Mühle,
125 g Sahne, 1 Ei, 6 EL Weißwein, Butter für die Form

Die großen Champignons putzen. Die Stiele aus den Hüten brechen. Die Hüte mit der Höhlung nach oben in eine gefettete, feuerfeste Form setzen. Die übrigen Champignons putzen, Spinat und Petersilie waschen. Den Backofen auf 220 °C vorheizen. Die Champignons, die Champignonstiele, den Spinat und die Petersilie hacken. Die fein gehackten Schalotten in der Butter andünsten. Die Champignons, den Spinat, die Petersilie, den Oregano, das Salz und den Pfeffer hinzufügen, kurz mitdünsten und anschließend das Ganze vom Herd nehmen. Sahne und Ei unter die gewürzte Masse ziehen und die vorbereiteten Champignons damit füllen. Weißwein dazugießen und die Form mit Alufolie abdecken. Im Backofen etwa 20 Minuten dünsten.

Für 4 Personen
Pro Portion: 210 kcal

GEFÜLLTE AUBERGINEN

5 Knoblauchzehen, Salz, 2 große Auberginen, 1/8 l Olivenöl, 1 große Gemüsezwiebel, 1 kg Tomaten, 2 EL gehackte Petersilie, Pfeffer aus der Mühle, 1 TL Honig, Butter für die Form, 100 g frisch geriebener Pecorino

Die Knoblauchzehen schälen und mit etwas Salz zerdrücken. Von den Auberginen den Stielansatz entfernen, die Früchte halbieren, etwas aushöhlen (das Auberginenfleisch aufbewahren) und in dem heißen Öl von beiden Seiten anbraten. Die Auberginen aus der Pfanne nehmen.

Die Zwiebel schälen, fein hacken und in dem Bratfett glasig werden lassen. Das ausgelöste Fruchtfleisch in kleine Stücke schneiden und mitschmoren. Zwei Tomaten mit heißem Wasser überbrühen, abziehen, entkernen und in Stücke schneiden. Die Stielansätze entfernen. Die Tomatenstücke ebenfalls in die Pfanne geben. Den zerdrückten Knoblauch zufügen, 5 Minuten garen. Mit Petersilie, Salz und Pfeffer würzig abschmecken.

Die restlichen Tomaten grob vierteln, 10 Minuten kochen und passieren. Die Sauce salzen, pfeffern und mit Honig abschmecken. Den Backofen auf 200 °C vorheizen.

Eine feuerfeste Form mit Butter ausstreichen, die Auberginenhälften mit der Schnittfläche nach oben hineinsetzen, die gedünsteten Gemüse darauf verteilen, die Tomatensauce rundherum gießen. Alles mit dem geriebenen Käse bestreuen.

Die Form auf die mittlere Schiene in den Backofen stellen und das Gericht ca. 45 Minuten backen.

Für 4 Personen

Pro Portion: 480 kcal

KÜRBISSCHNITZEL

ca. 1 kg Kürbis, feines Meersalz, Pfeffer aus der Mühle, frisch geriebene Muskatnuss, 2–3 Eier, 3–4 EL gehackte gemischte Kräuter (Dill, Borretsch, Petersilie), Mehl, Butterschmalz zum Braten

Den Kürbis schälen, entkernen und in 1/2 Zentimeter dicke Scheiben schneiden. Die Scheiben von beiden Seiten mit Salz bestreuen und 30 Minuten Saft ziehen lassen. Dann mit Küchenkrepp trockentupfen und mit Pfeffer und Muskatnuss würzen.
Die Eier mit sehr fein gehackten Kräutern verquirlen. Den Kürbis zuerst in Mehl, dann in Ei wenden. Langsam in mittelheißem Butterschmalz auf beiden Seiten goldgelb braten.
Für 4 Personen
Pro Portion: 250 kcal

TIPP Servieren Sie eine dicke Tomatensauce oder eine Vinaigrette zu den Kürbisschnitzeln. Auch eine Kräuter-Joghurt-Sauce schmeckt gut dazu.

KARTOFFELPUFFER

1 kg Kartoffeln, 1 TL Salz, 2 Eier, 4 EL Mehl, 1 kleine Zwiebel, Schmalz oder Öl zum Braten

Die Kartoffeln schälen, waschen und auf der Rohkostraffel oder mit der Küchenmaschine reiben. Die geriebenen Kartoffeln auf ein Sieb zum Abtropfen geben, dabei die Flüssigkeit in einer Schüssel auffangen. Die im Kartoffelwasser abgesetzte Stärke mit den geriebenen Kartoffeln, dem Salz, den Eiern und dem Mehl in einer Schüssel zu einem Teig verrühren.
Die Zwiebel schälen, sehr fein hacken und an den Teig geben. In einer Pfanne reichlich Bratfett erhitzen und, je nach Größe der Pfanne, einen oder mehrere Löffel Teig nebeneinander in die Pfanne geben und glatt streichen. Die Puffer sollen ganz dünn sein. Die Puffer von beiden Seiten knusprig braun braten. Sofort servieren oder nebeneinander gelegt auf einer Platte im Backofen warm halten. Dazu Apfelmus oder Zuckersirup reichen.
Für 4 Personen
Pro Portion: 335 kcal

SPROSSENPUFFER

ca. 300 g gemischte Sprossen (z. B. Mungobohnen, Linsen, Sonnenblumen – aus ca. 100 g Samen), 2 Eier, 50 g feinblättrige Haferflocken, 1/2 Bund Petersilie, Salz, Pfeffer aus der Mühle, Öl oder Butterschmalz zum Braten

Die Sprossen sehr gut abtropfen lassen und anschließend mit Küchenkrepp trockentupfen. Dann mit einem Messer hacken.

Die gehackten Sprossen mit den Eiern, den Haferflocken und der fein gehackten Petersilie mischen. Den Teig mit Salz und Pfeffer abschmecken. Das Fett in einer Pfanne erhitzen. Aus der Masse kleine Küchlein formen und diese bei mittlerer Hitze auf beiden Seiten je ca. 3 Minuten braten.
Für 4 Personen
Pro Portion: 175 kcal

TIPP Zu den Sprossenpuffern folgende Sauce reichen: 1 Becher Sahnedickmilch oder saure Sahne mit einem Bund fein gehackter, gemischter Kräuter verrühren. Mit Knoblauch, Salz und Pfeffer abschmecken.

ZUCCHINI-PÜFFERCHEN

6 kleine Zucchini (ca. 800 g), 1 TL Salz, 4 Eier, 2 Knoblauchzehen, 1 Sträußchen Petersilie, 6–8 EL Mehl, 1/2 Päckchen Backpulver, 200 g würziger Käse, frisch gerieben, Öl zum Braten

Die Zucchini waschen und auf der groben Seite der Rohkostreibe raffeln. In eine Schüssel geben und mit Salz und Eiern vermischen. Die geschälten Knoblauchzehen und die gewaschene Petersilie fein hacken. Gemeinsam mit dem gesiebten Mehl, dem Backpulver und dem Käse an die Zucchinimasse geben und sämtliche Zutaten gut miteinander vermischen. In einer Pfanne reichlich Öl erhitzen. Mit einem Löffel kleine Häufchen Zucchiniteig in das Öl setzen und flach drücken. Auf beiden Seiten knusprig braun braten. Die Püfferchen sofort servieren.
Für 4 Personen
Pro Portion: 475 kcal

WIRSINGRÖLLCHEN MIT PILZFÜLLUNG

4 schöne, große Wirsingblätter, 250 g gemischte Waldpilze, z. B. Steinpilze, Pfifferlinge, Maronen oder Butterpilze, 2 EL gehackte Schalotten, 30 g Butter oder Margarine, 200 g Frischkäse, 2 EL gehackte Petersilie, 3 EL geriebener Emmentaler, Salz, Pfeffer aus der Mühle, 4 EL Gemüsebrühe, 2 EL Crème fraîche, Fett für die Form

Die Wirsingblätter waschen und in kochendem Wasser 2 Minuten blanchieren. Abtropfen lassen.
Die Pilze putzen, nur wenn nötig, waschen und in Scheibchen schneiden. Die Butter oder die Margarine in einer Pfanne erhitzen und die Schalottenwürfel darin glasig braten. Die Pilze dazugeben und darin andünsten.
Den Frischkäse, die Petersilie und 2 Esslöffel Käse verrühren. Die etwas abgekühlten Pilze dazugeben und mit Salz und Pfeffer würzen.
Den Backofen auf 200 °C vorheizen. Die Wirsingblätter ausbreiten, mit der Pilzmasse bestreichen und die Schmalseiten einschlagen. Dann aufrollen und nebeneinander in eine gefettete Auflaufform legen. Mit der Brühe begießen. Die Crème fraîche und den restlichen Käse verrühren und die Wirsingröllchen damit bestreichen.
Auf der mittleren Schiene im Backofen etwa 25–30 Minuten backen.
Für 4 Personen
Pro Portion: 250 kcal

TIPP Sie können die Wirsingröllchen zusätzlich noch mit einem Esslöffel geriebenem Käse bestreuen.

LINSENPLÄTZCHEN

1 kleine Stange Porree, 2 mittelgroße Möhren (ca. 200 g),
5–6 EL Öl, 150 g gekochte Linsen, 50 g gehackte Walnüsse,
100 g Crème fraîche, 2 Eier, Salz, Pfeffer aus der Mühle,
200 g Bergkäse, frisch gerieben

Vom Porree die Wurzeln und das grüne Ende abschneiden, die Stange längs halbieren und gründlich unter fließendem Wasser waschen, die Möhren schälen. Beides in kleine Würfel schneiden.
Vom Öl 2 Esslöffel in einer Kasserolle erhitzen und das Gemüse darin anschwitzen. Die Linsen dazugeben und kurz mitdünsten. Von der Kochstelle nehmen und die Mischung erkalten lassen.
Dann die Walnüsse, Crème fraîche und die Eier unter die Linsenmasse rühren, mit Salz und Pfeffer würzen und kleine, runde Plätzchen daraus formen. Den Grill vorheizen.
Das restliche Öl in einer beschichteten Pfanne erhitzen und die Linsenplätzchen darin bei mittlerer Hitze von beiden Seiten jeweils 2 Minuten braten.
Die Linsenplätzchen auf Küchenpapier abtropfen lassen, dann auf eine feuerfeste Platte legen, dick mit dem Käse bestreuen und unter dem Grill gratinieren.
Für 4 Personen
Pro Portion: 715 kcal

TIPP Servieren Sie zu den Linsenplätzchen einen gemischten Salat und eine Kräuter-Käse-Sauce.

FRITTIERTE SCHWARZWURZELN

150 g Mehl, 0,2 l Apfelwein, 1 kg Schwarzwurzeln, 1 EL Zitronensaft, 2 Eiweiß, Salz

***Sauce:** 2 Eigelb, 2 EL Zitronensaft, 1/2 TL Dijonsenf, 1 EL Öl, 4 EL gehackte Kräuter, 100 g Quark , Salz, Pfeffer aus der Mühle, Worcestersauce, Öl für die Fritteuse*

Das Mehl sieben, mit dem Wein zu einem glatten Teig verrühren und 1 Stunde ruhen lassen. Die Schwarzwurzeln waschen, schälen, in 5 cm lange Stücke schneiden und in Salzwasser mit 1 Esslöffel Zitronensaft in 15 Minuten knapp weich kochen. Im Sud erkalten lassen.
Für die Sauce die Eigelbe mit dem Zitronensaft und dem Senf am besten im Mixer verrühren. Das Öl nach und nach hinzufügen. Die Kräuter und den Quark dazugeben, mit Salz, Pfeffer und Worcestersauce abschmecken. Die Eiweiße mit 1 Prise Salz steif schlagen und unter den Ausbackteig ziehen.
Das Öl in einer Fritteuse auf 180 °C erhitzen. Die Schwarzwurzeln abtropfen lassen, durch den Teig ziehen und im heißen Öl schwimmend nicht zu dunkel ausbacken. Gut abtropfen lassen und auf Küchenkrepp legen.
Für 6 Personen
Pro Portion: 330 kcal

KÜRBIS-KÄSE-PLÄTZCHEN

ca. 1 kg Kürbis, feines Meersalz, 4–6 EL Mehl (gehäuft), 250 g Schafskäse (Feta), 3 Eier, 1/2 Bund Dill, Pfeffer aus der Mühle, Olivenöl zum Braten, 2 EL gehackte Kürbiskerne

Den Kürbis schälen, entkernen und auf einer Gemüsereibe raspeln. Leicht salzen, in ein Sieb geben und den Saft ziehen lassen.
Kürbisraspel sorgfältig auspressen und in eine Schüssel geben. Das Mehl darübersieben. Den grob geriebenen Käse, die verquirlten Eier und den gehackten Dill beigeben und alles zu einer feuchten, aber noch formbaren Masse vermischen. Salzen und pfeffern.
Von der Kürbismasse mit einem Löffel Portionen abstechen, in erhitztes Öl geben, flach drücken und auf beiden Seiten goldbraun braten. Herausnehmen und zugedeckt warm stellen. Vor dem Servieren gehackte Kürbiskerne darüberstreuen.
Für 4 Personen
Pro Portion: 460 kcal

MÖHRENPUFFER MIT MANDELN UND PARMESAN

500 g Möhren, 100 g Mehl, 3 Eier, 150 g Crème fraîche, 50 g frisch geriebener Parmesan, 1 EL gemahlene Mandeln, Salz, Pfeffer aus der Mühle, frisch geriebene Muskatnuss, 2 EL Butter zum Braten

Die Möhren schälen und grob raspeln. Das Mehl mit den Eiern, der Crème fraîche, dem Parmesan und den Mandeln gut verrühren. Die Mischung mit Salz, Pfeffer und Muskatnuss kräftig abschmecken und die Möhrenraspel untermischen.
Die Butter in einer großen Pfanne erhitzen und aus der Masse mit zwei Esslöffeln flache Puffer formen, diese in der Butter ausbacken, nach 3 Minuten wenden und weitere 3 Minuten backen. Mit Blattsalat und Kräuter-Joghurt-Sauce servieren.
Für 4 Personen
Pro Portion: 500 kcal

AUSGEBACKENE SELLERIESTANGEN

1 große Staude Stangensellerie (ca. 1 kg), 3 EL Mehl, Salz, 2 Eier, 80 g Semmelbrösel, 40 g frisch geriebener Parmesan, Öl zum Ausbacken

Die harten äußeren Stangen vom Sellerie entfernen. Die übrigen Stangen voneinander lösen, waschen, eventuell vorhandene Fäden abziehen. Die Stangen in Stücke schneiden. Mit Küchenpapier trockentupfen.
Die Selleriestücke zunächst in Mehl, dann in den mit Salz verquirlten Eiern und zum Schluss in einer Mischung aus Semmelbröseln und Parmesan wenden.
Reichlich Öl in einer Pfanne erhitzen, die Selleriestücke nacheinander in das heiße Öl geben und goldbraun ausbacken.
Für 4 Personen
Pro Portion: 305 kcal

TIPP Stangensellerie enthält mehr Vitamin C als Knollensellerie und sehr viel Kalium. Achten Sie beim Einkauf darauf, dass die Stangen knackig und die Blätter grün sind.

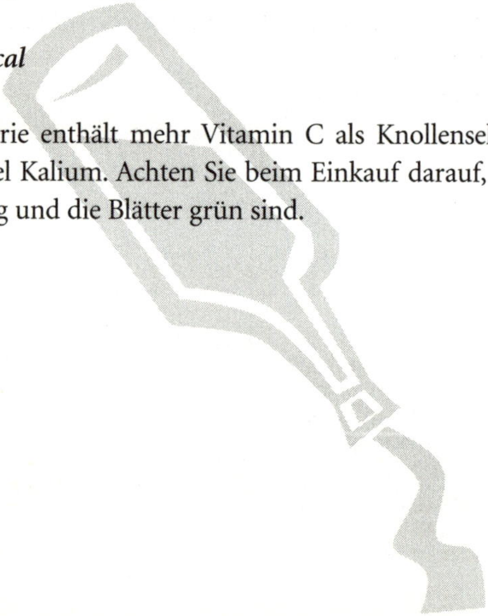

AUSGEBACKENE KÜRBISBLÜTEN

20–24 Kürbisblüten, 150 g Mehl, 2 Eigelb, 1/8 l Wasser, 1/8 l trockener Weißwein, 2 El Olivenöl, Salz, Pfeffer aus der Mühle, 2 Eiweiß, 1 Msp. Backpulver, Frittierfett

Die Kürbisblüten möglichst nicht waschen, nur gut ausschütteln. Die Stiele zurückschneiden und die Blütenstempel entfernen.
Für den Teig aus Mehl, Eigelb, Wasser, Wein, Öl und den Gewürzen einen dünnflüssigen Teig rühren. 30 Minuten zugedeckt bei Zimmertemperatur quellen lassen. Kurz vor dem Ausbacken die Eiweiße mit Backpulver steif schlagen und sorgfältig unter den Teig mischen.
Die vorbereiteten Blüten nacheinander durch den Teig ziehen und sofort im heißen Fett bei 180 °C goldgelb ausbacken. Auf Küchenkrepp abtropfen lassen. Dann mit einer Tomatensauce servieren.

Für 4 Personen
Pro Portion: 225 kcal

TIPP Auch Zucchiniblüten können Sie nach dem gleichen Rezept ausbacken.

AUSGEBACKENE SPARGELSTANGEN

24 Stangen weißer Spargel, Salz, 1 Prise Zucker, 10 g Butter, 150 g Mehl, 1/4 l trockener Weißwein, 2 EL flüssige Butter, 2 Eiweiß

Kräutersauce: *3 EL Crème fraîche, Saft von 1/2 Zitrone, 1 hart gekochtes Ei, 2 EL gehackte Frühlingskräuter, Pfeffer aus der Mühle, Öl zum Ausbacken*

Den Spargel schälen und in reichlich kochendem Wasser mit Salz, Zucker und Butter 10–15 Minuten bissfest garen.
Das Mehl mit Wein und flüssiger Butter gründlich verrühren, salzen und den steif geschlagenen Eischnee unterziehen.
Für die Sauce Crème fraîche mit Zitronensaft verrühren und das gehackte Ei und die Kräuter untermischen. Salzen und pfeffern.
Reichlich Öl in einem großen Topf oder einer Fritteuse erhitzen. Die Spargelstangen in den Teig tauchen und im Fett goldgelb backen. Auf Küchenkrepp abtropfen lassen und sofort mit der Sauce genießen.
Für 4 Personen
Pro Portion: 590 kcal

KARTOFFEL-PLÄTZCHEN

500 g mehlig kochende Kartoffeln, Salz, 50 g Mehl, 2 Eier (getrennt), 2 EL Sahne, frisch geriebene Muskatnuss, Öl und Butter zum Braten

Die Kartoffeln schälen, in Viertel schneiden und knapp mit Salzwasser bedeckt gar kochen. Das Kochwasser abgießen und die Kartoffeln im Topf schütteln, bis sie ganz trocken sind.

Die Kartoffeln sofort durch die Kartoffelpresse in eine Schüssel drücken. Das Mehl, die Eigelbe, die Sahne sowie Salz nach Geschmack und Muskatnuss hinzufügen. Die Eiweiße steif schlagen und darunterziehen. Je einen Esslöffel Öl und Butter in einer Pfanne erhitzen. Mit einem Löffel kleine Teighäufchen in die Pfanne setzen und flach drücken. Hellbraun braten, vorsichtig wenden und die andere Seite ebenfalls goldgelb braten.

Für 4 Personen
Pro Portion: 240 kcal

AUSGEBACKENE AUBERGINEN

4 längliche, junge Auberginen (ca. 700 g), Salz, 100 g Mehl, 1/4 l Weißwein, 2 EL Olivenöl, 1 Eiweiß, Olivenöl zum Ausbacken, Saft von 1 Zitrone

Die Auberginen in Scheiben schneiden. Auf einen Teller legen, leicht salzen und mit einem zweiten Teller zudecken. 30 Minuten ziehen lassen. Inzwischen Mehl und Salz in eine Schüssel geben, den Wein und das Olivenöl hinzufügen und alles mit einem Schneebesen glatt rühren. Das Eiweiß zu sehr steifem Eischnee schlagen und unter den Teig ziehen.

In einer hochwandigen Pfanne reichlich Olivenöl erhitzen. Das bittere Wasser von den Auberginenscheiben abgießen und das Gemüse mit Küchenpapier trockentupfen. Die Auberginenscheiben in den Teig tauchen und von beiden Seiten in dem Öl goldbraun backen. Mit einem Schaumlöffel herausheben und auf Küchenpapier abtropfen lassen. Mit Zitronensaft beträufeln und sofort servieren.

Für 4 Personen
Pro Portion: 320 kcal

RAFFINIERTES MIT TOFU

ASIATISCHE GEMÜSEPFANNE MIT TOFU

200 g Tofu, 3 EL Sojasauce, 3 EL Reiswein oder trockener Sherry (Fino), 1–2 EL Sesamöl, 1 dünne Stange Lauch oder 2 Frühlingszwiebeln, 200 g Broccoli, 2 Stangen Staudensellerie, 2 EL Erdnuss- oder Sonnenblumenöl, 150 g Kichererbsensprossen (aus ca. 75 g Samen), 2 TL Currypulver, 1 TL Kurkuma (Gelbwurz), 1 Bund Koriandergrün oder Petersilie, Cayennepfeffer, Salz, 1 TL frisch geriebener Ingwer (nach Belieben), 50 g Kürbiskerne oder Kürbiskernsprossen

Den Tofu abtropfen lassen und in Würfel schneiden. Aus Sojasauce, Reiswein oder Sherry und Sesamöl eine Marinade rühren. Den Tofu damit übergießen und ca. 30 Minuten durchziehen lassen.

Inzwischen die Gemüse waschen und putzen. Den Lauch oder die Frühlingszwiebeln in 1 cm breite Stücke schneiden, den Broccoli in sehr kleine Röschen zerteilen. Den Staudensellerie in feine Scheibchen schneiden. Das zarte Selleriegrün in Streifen schneiden. Das Öl in einer hochwandigen Pfanne oder einem Wok erhitzen und alle Gemüse mit den gut abgetropften Kichererbsensprossen 5–10 Minuten dünsten, bis sie gar, aber noch bissfest sind. Dann Currypulver, Kurkuma und fein gehacktes Koriandergrün unterrühren.

Den Tofu mit der Marinade vorsichtig untermischen und im Gemüse heiß werden lassen. Mit Curry, Cayennepfeffer, Salz und nach Wunsch mit Ingwer abschmecken. Das Gericht vor dem Servieren mit Kürbiskernen oder Kürbiskernsprossen bestreuen.

Für 4 Personen

Pro Portion: 230 kcal

TIPP Koriandergrün wird in asiatischen Ländern so verschwenderisch eingesetzt wie bei uns Petersilie.

GEBRATENER TOFU MIT SÜSS-SAUREM GEMÜSE

4 Frühlingszwiebeln, 1 mittelgroße Möhre, 100 g Shiitakepilze oder Egerlinge, 100 g Zuckerschoten, 250 g Tofu, 3 EL Sesamöl, Salz, Pfeffer aus der Mühle, 1 Msp. gemahlener Ingwer, 1/2 TL Chinagewürz Dayong, 2 EL Reiswein oder trockener Sherry (Fino), 1 TL Ahornsirup, 1 EL Sojasauce

Das Gemüse putzen und waschen. Die Frühlingszwiebeln in dünne Scheiben, die Möhren in kleine Würfel und die Pilze feinblättrig schneiden. Von den Zuckerschoten die Enden abknipsen, eventuell abfädeln.

Den Tofu in zwei gleiche Stücke teilen. 1 Esslöffel Öl in einer beschichteten Pfanne erhitzen und den Tofu darin von beiden Seiten jeweils 1–2 Minuten anbraten. Mit Salz, Pfeffer, Ingwer und Chinagewürz bestreuen. Warm halten.

Das restliche Öl in einem Wok oder einer hochwandigen Pfanne erhitzen und das Gemüse nacheinander unter Rühren kurz anbraten. Mit Salz und Pfeffer, Reiswein oder Sherry, Sirup und Sojasauce würzen.

Den Tofu schräg in Scheiben schneiden, auf vorgewärmte Teller verteilen und mit dem Gemüse bedecken.

Für 2 Personen

Pro Portion: 455 kcal

TIPP Zuckerschoten haben eine ganz kurze Garzeit und sollten zum Schluss in den Wok kommen.

BUNTER MAISSALAT

200 g Tofu, 1 EL Essig, Salz, Pfeffer aus der Mühle, 1 Knoblauchzehe, Paprikapulver edelsüß, 2 EL Zitronensaft, 250 g Tomaten, 1 Paprikaschote, 400 g Maiskörner (Dose), 1 Bund Schnittlauch, geschnitten, 5 Oliven

Den Tofu in große Würfel schneiden. Aus Essig, Salz, Pfeffer, durchgepresstem Knoblauch, Paprika und Zitronensaft eine Marinade herstellen. Die Tofustücke in der Marinade 2 Stunden ziehen lassen. Die Tomaten waschen und vierteln. Die Paprikaschote entkernen und in Streifen schneiden. Die Maiskörner auf ein Sieb schütten und abtropfen lassen. Das Gemüse in einer Schüssel vermischen, den Tofu mit der Marinade zufügen und alles miteinander vermischen. Den Salat mit Schnittlauchröllchen und Oliven garnieren.

Für 4 Personen
Pro Portion: 154 kcal

TAGLIATELLE MIT TOMATEN-TOFU-SAUCE

1 Zwiebel, 1 Knoblauchzehe, 1 Möhre, 2 EL Öl, 1 kleine Dose geschälte Tomaten, 0,1 l Rotwein, 0,1 l Gemüsebrühe, 300 g Tofu, 2 EL gehacktes Basilikum, 250 g grüne Tagliatelle, Salz, Pfeffer aus der Mühle, Tomatenmark

Die Zwiebel und den Knoblauch abziehen, die Möhre schälen und alles in feine Würfel schneiden.

Das Öl in einer Pfanne erhitzen und das vorbereitete Gemüse darin andünsten. Die abgetropften Tomaten zufügen. Das Gemüse mit Rotwein und Gemüsebrühe ablöschen. Zugedeckt bei geringer Hitze ca. 30 Minuten köcheln lassen. Ab und zu umrühren. Kurz vor Ende der Garzeit den in Würfel geschnittenen Tofu und das Basilikum zugeben.

Inzwischen die Nudeln in Salzwasser bissfest kochen, abgießen und warm halten.

Die Sauce mit Salz, Pfeffer und Tomatenmark abschmecken und zu den Tagliatelle servieren.

Für 2 Personen
Pro Portion: 745 kcal

TIPP Mit geriebenem Parmesan oder Pecorino und einem bunten Salat servieren. Es schmeckt auch sehr gut, wenn Sie mit der Möhre eine in Scheibchen geschnittene Stange Staudensellerie mitdünsten. Wer es gerne scharf mag, gibt noch eine kleine Chilischote dazu.

TOFU-TOMATEN-TERRINE

10 Blatt weiße Gelatine, 3 Zwiebeln, 40 g Butter, 500 g reife Tomaten, 3 EL Tomatenmark, je 1/2 TL getrockneter Majoran, Thymian und Oregano, 1 Zweig Zitronenmelisse, Salz, Pfeffer aus der Mühle, Cayennepfeffer, 1 EL Sherryessig, 1 Prise Zucker, 200 g Tofu, 2 Bund Basilikum, 1/2 Bund Petersilie, 100 ml Gemüsebrühe, 3 TL Zitronensaft, je 200 g süße und saure Sahne, 4 Kirschtomaten

Je 5 Blatt Gelatine in kaltem Wasser einweichen. Die Zwiebeln fein würfeln und in der Butter glasig dünsten. Die Tomaten überbrühen, häuten und das Fruchtfleisch in Würfel schneiden. Mit der Hälfte der glasig gedünsteten Zwiebeln vermischen.

Das Tomatenmark, Majoran, Thymian, Oregano und die Melisseblätter zufügen. Bei mittlerer Hitze zu Mus kochen. Durch ein Sieb passieren. Mit Salz, Pfeffer, Cayennepfeffer, Essig und Zucker abschmecken. 5 Blatt gut ausgedrückte Gelatine in der heißen Masse auflösen. Kalt stellen.

Den Tofu klein schneiden und pürieren. Das Basilikum und die Petersilie waschen, abtrocknen und zusammen mit den Stielen fein hacken. Mit den restlichen Zwiebeln mischen. Bei milder Hitze 5 Minuten dünsten. Mit der Brühe auffüllen, das Tofupüree unterheben und 5 Minuten köcheln lassen. Die Masse pürieren und durch ein Sieb streichen. Mit Pfeffer und Zitronensaft würzen. Restliche Gelatine darin auflösen und kalt stellen.

Die süße Sahne steif schlagen und jeweils die Hälfte unter jede der Massen ziehen. Die saure Sahne ebenfalls aufteilen und unterheben. Eine Kastenform von 22 cm Länge abwechselnd mit der Tomaten- und Basilikummasse ausfüllen. Die Kirschtomaten dazwischenstecken.

Die Terrine leicht anfrieren lassen und mindestens 5 Stunden kalt stellen. Die Terrine auf eine Platte stürzen und in Scheiben geschnitten als Vorspeise reichen.

Für 4–6 Personen

Pro Portion bei 6 Personen: 265 kcal

TIPP Die Terrine ist eine schöne Vorspeise, wenn Sie Gäste bewirten wollen. Am Vortag zubereiten und über Nacht im Kühlschrank aufbewahren. Nach Belieben eine Kräuter-Joghurt-Sauce und knuspriges Weißbrot dazu reichen.

TOFU-GEMÜSE-LASAGNE

1 Packung Lasagneplatten, Fett für die Form, 100 g geriebener Parmesan

Gemüsesauce: *300 g Tofu, 2 Zwiebeln, 1 Paprikaschote, 1 Stange Porree, 4 Stangen Staudensellerie, 200 g Broccoli, 1 EL Öl, 1 Dose Tomaten (400 g), 1 Knoblauchzehe, Salz, Pfeffer aus der Mühle, Oregano*

Béchamelsauce: *30 g Butter, 30 g Mehl, 1/4 l Milch, Salz, Pfeffer aus der Mühle, frisch geriebene Muskatnuss*

Für die Gemüsesauce Tofu mit der Gabel zerdrücken. Die Zwiebeln schälen, würfeln. Die Paprikaschote entkernen, in Streifen schneiden. Den Porree und den Sellerie putzen, waschen, in Ringe schneiden. Die Broccoli in Röschen zerteilen, waschen.

Das Öl im Topf erhitzen, den Tofu und die Zwiebeln darin andünsten. Das vorbereitete Gemüse, die Tomaten mit Flüssigkeit und die durchgepresste Knoblauchzehe hinzugeben, alles bissfest garen. Die Sauce mit Salz, Pfeffer und Oregano abschmecken.

Für die Béchamelsauce die Butter im Topf zerlassen, das Mehl hinzugeben und andünsten. Den entstandenen Mehl-Butter-Kloß mit der Milch unter kräftigem Rühren ablöschen und unter Weiterrühren 5 Minuten köcheln lassen.

Die Sauce mit Salz, Pfeffer und Muskat kräftig abschmecken. Die Lasagneplatten in reichlich Salzwasser nach der Packungsvorschrift garen und abtropfen lassen. Den Backofen auf 200 °C vorheizen.

Eine Lage Lasagne in eine gefettete Auflaufform schichten, darüber 2 Esslöffel Gemüse- und Béchamelsauce, dann wieder einige Blatt Lasagne usw., bis die Form gefüllt ist. Den Abschluss bildet die

Béchamelsauce. Diese mit Parmesan bestreuen. Die Lasagne im Backofen ca. 30 Minuten überbacken.

Für 4 Personen

Pro Portion: 820 kcal

TIPP Die fertige Lasagne vor dem Aufschneiden noch etwa 5 Minuten ruhen lassen. Wenn Sie ungekochte Lasagneblätter verwenden, benötigen Sie etwas mehr Béchamelsauce, und die Garzeit verlängert sich um 10 Minuten.

TOFU IN SESAMPANADE

250 g Tofu, 1–2 EL Mehl, 2 Eier, ca. 50 g Honig, 100 g Sesam, 5 El Öl

Den Tofu in Würfel von 2 x 2 cm schneiden. Nacheinander in Mehl, verquirlten Eiern, erwärmtem Honig und Sesam wenden. In erhitztem Öl auf allen Seiten goldgelb backen.

Die gebratenen Tofuwürfel erkalten lassen und auf frischen Salatblättern anrichten. Mit einem bunt gemischten Salat als Vorspeise servieren.

Für 4 Personen

Pro Portion: 440 kcal

TIPP Wenn Sie die Tofuwürfel solo servieren, passt sehr gut eine asiatische süß-saure Sauce dazu. Gibt es fertig zu kaufen.

TOFUPIZZA

400 g Weizenvollkornmehl, 40 g frische Hefe, 250 ml lauwarmes Wasser, 30 g Butter oder Margarine, 1 TL Honig, 1–2 TL Salz, 1 Prise gemahlener Koriander, Mehl zum Ausrollen, Fett für das Blech

***Belag:** 1,2 kg Tomaten, 600 g Zwiebeln, 4–5 EL Olivenöl, 3–4 Knoblauchzehen, Salz, Pfeffer aus der Mühle, getrockneter Oregano, getrockneter Majoran, 600 g Tofu, 4–5 EL Sojasauce, 400 g Kohlrabi, 300 g geriebener Gouda, Basilikumblättchen zum Garnieren*

Das Mehl in eine Schüssel geben, in die Mitte eine Vertiefung drücken, die Hefe hineinbröckeln und mit etwas lauwarmem Wasser zu einem Vorteig verrühren; diesen ca. 20 Minuten zugedeckt an einem warmen Ort gehen lassen.

Das restliche lauwarme Wasser mit der flüssigen Butter oder Margarine, dem Honig und den Gewürzen zugeben und mit dem Vorteig zu einem glatten Teig verkneten. Nochmals an einem warmen Ort zugedeckt ca. 1 Stunde gehen lassen, bis er das doppelte Volumen erreicht hat.

Inzwischen den Belag vorbereiten. Die Tomaten mit kochendem Wasser überbrühen, häuten und in Scheiben schneiden. Die Zwiebeln schälen, in dünne Ringe schneiden.

Den Pizzateig auf einer bemehlten Fläche (entsprechend der Backform) ausrollen und auf ein gefettetes Backblech oder in zwei Springformen geben. Mit Olivenöl und durchgepresstem Knoblauch bestreichen, mit Tomatenscheiben und Zwiebelringen belegen und würzen.

Den Tofu würfeln, mit der Sojasauce vermischen. Den Backofen auf

200 °C vorheizen. Den Kohlrabi schälen, raspeln und zusammen mit dem Tofu auf der Pizza verteilen. Nochmals mit den Gewürzen bestreuen.
Zum Schluss den geriebenen Käse darüber streuen und die Pizza 40 Minuten backen. Mit Basilikum garniert servieren.
Für 6 Personen
Pro Portion: 700 kcal

MÖHREN-ZUCCHINI-EINTOPF MIT TOFU

350 g Möhren, 500 g Zucchini, 1/2 Bund Frühlingszwiebeln, 6 EL Öl, 1/2 l Gemüsebrühe, 300 g Tofu, Salz, Pfeffer aus der Mühle, 1 Bund Petersilie, gehackt

Das Gemüse putzen und waschen. Die Möhren und Zucchini in Scheiben, die Frühlingszwiebeln in Ringe schneiden.
Die Hälfte des Öls in einem Topf erhitzen, mit Gemüsebrühe auffüllen und 20 Minuten garen.
Den Tofu in kleine Würfel schneiden und im restlichen erhitzten Öl rundum knusprig braun braten. Zum Gemüse geben. Den Eintopf mit Salz und Pfeffer abschmecken. Die Petersilie darüber streuen und sofort servieren.
Für 4 Personen
Pro Portion: 280 kcal

GEMÜSE-TOFU-PFANNE

50 g Naturreis, Salz, 1 EL gehackte Petersilie, 1 Möhre, 1 Stange Lauch, 1/2 Paprikaschote, 1 TL Öl, 1 EL Zwiebelwürfel, 70 g Tofu, 1 EL gemischte, gehackte Kräuter

Reis in reichlich Salzwasser in ca. 35–40 Minuten körnig kochen. Dann abgießen, abtropfen lassen und mit Petersilie vermischen. In der Zwischenzeit das Gemüse putzen und waschen. Die Möhre und den Lauch in Scheiben bzw. Ringe schneiden, die Paprikaschote in Würfel.

Das Öl in einer Pfanne erhitzen, die Zwiebelwürfel darin anschwitzen. Den Tofu würfeln und zufügen. Unter Wenden anbraten, dann das Gemüse unterrühren und alles ca. 10 Minuten schmoren lassen, dabei ein paarmal umrühren. Das Gemüse und die Kräuter mischen, zum Reis servieren.

Für 1 Person

Pro Portion: 335 kcal

GEMÜSE-TOFU-BRATLINGE

250 g Tofu, 150 g Kohlrabi, 100 g Möhren, 100 g Lauch, 1 Knoblauchzehe, 1 Zwiebel, 1 Ei, 2 EL frische oder tiefgekühlte, gehackte Kräuter, 1 EL Sojasauce, Semmelbrösel, Salz, Pfeffer aus der Mühle, Butterschmalz zum Braten

Den Tofu fein pürieren. Den Kohlrabi und die Möhren schälen, fein raspeln, den Lauch putzen, waschen und in hauchdünne Ringe schneiden.

Die Zwiebel und den Knoblauch abziehen, fein würfeln, beides mit

dem Gemüse zum Tofupüree geben. Mit Ei, Kräutern, Sojasauce und so viel Semmelbröseln vermischen, dass ein fester Teig entsteht. Mit den Gewürzen abschmecken. Kleine Frikadellen formen und diese in erhitztem Fett von beiden Seiten knusprig braten.
Für 2 Personen
Pro Portion: 220 kcal

TOFUWÜRFEL SÜSS-SAUER

250 g Tofu, 1 TL Tabasco, 3 EL Sojasauce, 3 Zwiebeln, 1 grüne Paprikaschote, 1 große Möhre, 150 g Ananasstücke (Dose), 100 g Bambussprossen (Dose), 100 g Sojasprossen

***Sauce:** 0,1 l Wasser, 4 EL Zucker, 4 EL Weinessig, 2 EL Tomatenketchup, 2 EL Speisestärke, Salz, Sojasauce*

Den Tofu in Würfel schneiden und in der Mischung aus Sojasauce und Tabasco ca. 1/2 Stunde marinieren. Die abgezogenen Zwiebeln in dünne Scheiben, die geputzte Paprikaschote in feine Streifen und die Möhre in kleine Stifte schneiden. Das Gemüse in kochendem Wasser 5 Minuten blanchieren, abschrecken und abtropfen lassen. Ananas, Bambussprossen und Sojasprossen abtropfen lassen, frische Sprossen kurz kalt überbrausen. Mit dem Gemüse und dem marinierten Tofu in einem Topf mischen und erhitzen. Für die Sauce Wasser, Zucker, Essig und Tomatenketchup zum Kochen bringen. Mit der angerührten Speisestärke binden. Zum Schluss mit Salz und Sojasauce abschmecken. Die Sauce über die Tofuwürfel und das Gemüse geben, alles nochmals erhitzen und dann gleich servieren.
Für 3 Personen
Pro Portion: 275 kcal

TOFUBÄLLCHEN AUF GEMÜSE

300 g Tofu, 2 EL frische oder tiefgekühlte Kräuter, 1 EL Sojasauce, 2 EL Mehl, Salz, Pfeffer aus der Mühle, Tabasco, Semmelbrösel, Fett zum Frittieren

Gemüse: *1 Bund Frühlingszwiebeln, 1 Kohlrabi, 300 g Möhren, 200 g Brechbohnen, Salz, 2 EL Butter, 2 EL gehackte Petersilie*

Den Tofu pürieren, die gemischten Kräuter, die Sojasauce und das Mehl zufügen. Alles zu einer homogenen Masse verarbeiten und mit Salz, Pfeffer und Tabasco abschmecken.
Aus der Tofumasse Bällchen formen. Diese in Semmelbröseln wenden und in schwimmendem Fett goldbraun backen. Auf Küchenkrepp entfetten, warm stellen.
Das Gemüse putzen und waschen. Die Möhren und den Kohlrabi schälen und in Stifte schneiden, Bohnen brechen. Das Gemüse kurz in Salzwasser blanchieren und abtropfen lassen.
Die Butter in einer Pfanne erhitzen. Das Gemüse darin schwenken und abschmecken. Das Gemüse auf vorgewärmte Teller verteilen, mit Petersilie bestreuen und die Tofubällchen darauf legen.
Für 4 Personen
Pro Portion: 270 kcal

TIPP Aromatischer wird das Gemüse, wenn Sie in der Butter zwei Knoblauchzehen mitdünsten und gemischte, gehackte Kräuter anstelle von Petersilie verwenden.

Register